자기 안의
선지식

자기 안의
선지식

김광하 지음

운주사

서문

일찍이 송나라 종원 선사는 말했다.

"세상에 다섯 가지 일만은 남이 대신해 줄 수 없으니, 자기 스스로 감당해야 한다. 그것은 옷 입고, 밥 먹고, 똥 누고, 오줌 누고, 그리고 이 시체를 끌고 길 위를 가는 일이다."

이 말에 함께 길을 가던 도겸 스님은 눈이 열리는 경험을 했다. 사람이 스스로 감당해야 하는 일은 지금도 변함이 없다. 가정과 직장에서도 이 일을 감당해야 하니, 선禪 방석 위에 가둘 수 없다.

필자는 20대에 보림선원에서 백봉 김기추 선생님을 모시고 불교를 공부한 적이 있었다. 그때 선생님에게서 간장 한 숟가락을 얻어 마셨다. 그 간장 맛은 지금까지 일상생활에서 늘 양념 노릇을 하며, 하루 중 작은 한때라도 나를 돌아보게 하였다. 독자가 이 책을 읽으며 자기 안의 선지식을 발견한다면, 이 책은 좋은 간장 종지가 된 것이다.

2018년 1월

여운 김광하 합장

남이 대신 할 수 없는 것

"밥 먹고 똥 누는 일은 남이 대신 할 수 없는 것이다."

도겸 선사의 춤

다음은 『총림성사』에 나오는 도겸 스님의 공부 이야기이다.

개선도겸(開善道謙, 1093?~1185?) 스님은 건녕 사람이다. 처음 서울로 가서 원오극근(圓悟克勤, 『벽암록』의 저자) 스님을 찾아 물었으나 깨친 바가 없었다. 그 후 묘희(妙喜, 1089~1163, 간화선을 세운 대혜종고) 스님을 따라 천남산에 암자를 짓고 살았다. 묘희 스님이 경산에 주지로 가자, 도겸은 묘희 스님을 모시고 갔다.

얼마 후, 묘희 스님이 그를 장사에 보내 자암 거사 장위국 공에게 편지를 전하도록 했다. 도겸은 스스로 생각했다.

'내가 참선을 한 지 20년여 년이 되었지만 아직 아무것도 깨친 바가 없는데, 다시 이 길을 가게 된다면 내 공부가 아주 무너지고 말 것이다.'

내심 가지 않으려고 했는데, 도반 죽원암주 종원宗元 스님이 "길을 간다고 참선을 못하는 것이 아니다. 내가 그대와 함께 가겠다."며 꾸짖었다. 이에 도겸은 마지못해 길을 떠났다. 길을 가는 도중에 종원 스님에게 울면서 하소연하였다.

"내가 일생동안 참선을 했지만 하나도 얻은 바 없습니다. 이제 또다시 길 위를 분주하게 돌아다니니, 어떻게 깨칠 수 있겠습니까?"

종원이 말했다.

"그대는 그동안 여러 총림에서 참구해서 얻은 것과 깨친 것, 그리고 원오와 묘희 두 스님이 그대에게 말해준 것, 어느 것 하나라도 헤아리지 말라(不要理會). 가는 길에 그대를 대신할 수 있는 일이라면 내가 모두 대신해 주겠다. 그러나 오직 다섯 가지 일만은 대신해 줄 수 없으니, 그대 스스로 감당해야 한다."

"그 다섯 가지 일이란 무엇입니까? 듣고 싶습니다."

"옷 입고, 밥 먹고, 똥 누고, 오줌 누고, 그리고 이 시체를 끌고 길 위를 가는 일이다."

도겸이 이 말에 크게 깨치고, 자기도 모르게 기뻐서 덩실덩실 춤을 추면서 말했다.

"사형이 아니었다면, 내 어찌 이러한 경지를 얻었겠소?"

"그대가 이제야 비로소 자암 거사에게 편지를 전할 만하구나. 이제 나는 돌아가겠다."

종원 스님은 곧바로 건상으로 돌아갔다. 도겸은 그 길로 장사에 이르러 그곳에서 반년을 머물렀다. 진국 부인(장위국 공의 어머니)도 도겸 스님으로 인해 생사대사生死大事를 넘어서는 공부에 뜻을 일으켰다.

도겸이 마침내 쌍경사로 돌아오자, 묘희 스님은 지팡이를 짚고 문에 기대 기다리고 있다가 스님을 보자마자 말했다.

"건주 아이야! 지난번에 떠날 때는 이 늙은 중을 원망했겠지만, 그것은 네가 아직 때가 되지 않았기 때문이다."

이에 도겸은 날이 갈수록 경지가 심오해졌다. 나중에 현사산의 주지로 나갔다. 한 번은 대중에게 설법하였다.

"천축 땅 큰 신선(부처님)의 마음은 동쪽에서 서쪽으로 은밀하게 서로 전했다고 하는데, 은밀히 전한 마음이란 무엇인가?"

잠자코 있다가 말하였다.

"8월 가을인데, 어디가 덥단 말인가?"

다시 말하였다.

"부처를 설하고 법을 설함은 소경과 귀머거리를 속이는 일이며, 성품을 논하고 마음을 논함은 스스로 함정 속으로 뛰어드는 일이다. 몽둥이와 할은 힘으로 사람을 속이는 일이며, 눈을 깜박거리고 눈썹을 치켜 올리는 것은 들여우가 사람을 홀리는 일이다. 그렇다고 이 모든 것이 아니라 해도 그것은 고함지르면서 산울림이 멈추기를 바라는 격이며, 따로 무슨 기특한 일이 있다 하여도 그것 또한 허공을 보고 말하는 것일 뿐이다. 그렇다면 결국 무엇인가?

흰구름 걷힌 곳이 바로 청산인데(白雲盡處是靑山),

길가는 사람은 다시 청산 밖에 있노라.(行人更在靑山外)"

도겸 선사는 일찍이 화두 '마음은 부처가 아니며, 지혜는 도가
아니다(心不是佛 智不是道)'에 대해 게송을 남겼다. 묘희 스님
은 이 시를 아주 좋아했다.

태평시절이라 농사가 풍년이 들어,
나그네는 밥 걱정 없고 집에는 문을 잠그지 않네.
길에는 사람이 없고 밤에는 달도 없는데,
노래 부르며 돌아오니 어느덧 밤이 삼경이구나.
太平時節歲豊登　旅不賣粮戶不扃
官路無人夜無月　唱歌歸去恰三更

(『총림성사叢林盛事』 상권, 개선도겸 편)

　20여 년을 선지식 회상에서 공부하며 참선을 했으면서도 스스
로 얻은 바가 없다고 고백하는 도겸 스님은 참으로 자신에게 정
직하고 진실한 수행자이다. 도겸 선사의 법문을 새길수록, 그분
의 인품과 깊은 수행에 고개가 숙여진다. 특히 선사의 "흰구름 걷
힌 곳이 바로 청산인데, 길가는 사람은 다시 청산 밖에 있노라"는
시는 도겸 스스로 자기가 어디에 있는지 보여주는 활구라고 할 수
있다. 그리고 "심불시불心不是佛 지불시도智不是道"에 대한 게송은
참으로 선사의 평생의 안목을 통째로 드러내고 있다.

주자학을 집대성한 주자(주희朱熹, 1130~1200)는 유학자였지만 당대 고승들과 서로 도를 논의했다. 대혜종고(묘희)는 일찍이 주자에게 '깨달음을 얻기 위해서는 경전을 헤아리지 말고 구자무불성(狗子無佛性; 개에게 불성이 없다고 한 조주 선사의 법문) 화두를 들라'고 말한 적이 있었다. 후에 주자는 도겸 선사에게 편지를 보내, 이 화두에 대해 자기가 품고 있는 의문을 물었다. 도겸 선사는 "헤아리지도 말고, 파고들지도 말며, 지견을 버리지도 말고, 억지로 맞추려고도 하지 말라(不要商量 不要穿鑿 不要去知見 不要强承當)"고 답했다. 주자는 이 말에 깨달은 바가 있었다. 도겸 선사가 세상을 떠났을 때, 주자는 제문을 지어 선사의 높은 도를 기렸다.

설봉 선사의 오산성도

설봉의존(雪峰義存, 822~908) 스님은 덕산 선사 밑에서 배출된 뛰어난 선지식이다. 설봉의 법을 이은 이가 바로 운문종雲門宗의 종조 운문 선사이다. 설봉 스님은 공부의 뜻이 간절하여, 스승을 찾아 여러 곳을 두루 다녔다. 특히 투자 선사를 만나러 투자산에 3번 오르고, 동산양개에게 법을 묻기 위해 동산洞山에 9번이나 올랐다는 말이 전해진다. 스님은 40세 중반에 도반 암두와 함께 길을 가다, 오산에서 비로소 눈이 열렸다.

설봉의 눈을 열어준 사람은 암두였다. 암두전할(巖頭全奯, 828~887)은 스승 덕산 밑에서 함께 공부한 도반으로, 설봉보다 6살 위였다. 선지禪旨가 깊었으나 성격이 강직하고 까다로워, 따르는 사람이 드물었다. 특히 암두가 제창한 말후구末後句는 진창에 걸어도 발자국을 남기지 않는, 붙잡기 어려운 화두이다. 다음은 『설봉록雪峯錄』의 서두 행장行狀에 나오는 설봉 선사의 수행역정이다.

스승(설봉)은 도반 암두 스님과 예주澧州 오산진鼇山鎭이라는 곳에 갔다가 눈으로 길이 막혀 그곳에 묵게 되었다. 암두 스님은 매일 잠만 자고, 설봉 스님은 오로지 좌선만 하였다. 그러다가 하루는 스님께서 암두 스님을 부르면서 "사형! 사형! 일어나시오" 하니 암두 스님이 "무슨 일이오?" 하였다. 이에 스님이 말했다.

"나는 금생에는 틀렸나봅니다. 전에 문수란 작자와 함께 행각할 때는 가는 곳마다 그 스님이 누를 끼치더니, 오늘 여기 와서는 사형은 오직 잠만 자고 있으니……"

암두 스님이 꾸짖으며 말했다.

"잠이나 자시오. 매일 평상에 앉아 좌선하는 모습이 촌구석의 토지신土地神 같으니, 훗날 세상 사람들의 이목을 끌어 눈을 어둡게 할 것이오."

스님은 가슴을 두드리며 말했다.

"나는 이 속이 편안하지 않습니다. 감히 나 자신을 속일 수는 없습니다."

"나는 그대가 훗날 우뚝한 봉우리에 초암을 짓고 부처님의 가르침을 펴리라 생각하고 있었는데, 어찌 아직 이런 말이나 하고 있는가?"

"나는 실로 아직 마음이 편치 않습니다."

"정말 그렇다면 그대의 견처를 하나하나 나에게 말해 보시오. 옳은 점은 증명해 주고, 옳지 못한 점은 물리치겠소."

"나는 처음 염관제안(塩官齊安, ?~842) 스님을 찾아갔을 때, 염관 스님이 상당하여 색色과 공空의 이치를 거론하는 것을 듣고 들어갈 길을 찾았습니다."

"앞으로 30년 동안, 다시는 그런 말을 입에 올리지 마시오!"

"다음에 나는 동산 스님의 과수게(過水偈; 개울을 건너다 깨친 게송)를 보게 되었는데, 그 내용은 이렇습니다."

남 뒤를 쫓는 공부는 하지 않으리,
나와는 점점 멀어진다.
그는 지금 바로 나이지만,
나는 지금 그가 아니다.

암두가 말했다.

"그러한 견해로는 자기 자신을 구하기에도 부족하오."

설봉은 말을 이었다.

"그 후 덕산 스님을 찾아 '옛부터 내려온 종승宗乘의 가르침을 제가 조금이라도 얻을 수 있습니까?'라고 물었습니다. 덕산 스님께서 몽둥이로 한 대 때리면서 '무슨 소리를 하느냐?'고 하셨는데, 그때 나는 마치 물통의 밑바닥이 쑥 빠지는 듯한 느낌이 들었습니다."

암두 스님이 꾸짖으며 말했다.

"그대는 듣지 못했는가. 문 밖에서 들어오는 것은 가보家寶가 아니라는 말을."

"앞으로 어떻게 하면 됩니까?"

"훗날 그대가 부처님의 가르침을 널리 펴려 한다면, 하나하나 자기 가슴속에서 흘러나와야 하니, 그것을 내게 가져오시오. 그렇게 되면, 하늘과 땅을 덮을 것이오.(佗後若欲播揚大敎 一一 從自己胸襟流出 將來與我 盖天盖地去)"

스님은 이 말 끝에 크게 깨달았다. 곧 암두 스님에게 절을 올리고 일어나서는 연거푸 소리쳤다.

"사형! 오늘에야 비로소 이곳 오산에서 도를 이루었소.(鼇山成道)"(『설봉록』행장편)

모든 법문은 자기 가슴속에서 흘러나와야 한다는 암두의 말은 참으로 자기의 본성에 눈을 뜨게 하는 절절한 법문이다.육조 대사는 자성自性의 뿌리는 머묾이 없고(無住爲本), 자성의 몸통은 '나와 너'의 관념이 없으며(無相爲體), 자성의 특징은 무념(無念爲宗)이라고 했다.후에 설봉은 암두에게 편지를 보내 이렇게 전했다.

"사형께 글을 올립니다. 제가 오산에서 도를 이루고 난 다음, 지금까지 배가 고프지 않습니다."

다음은 설봉 선사가 자신의 수행을 돌아보며 읊은 시이다.

설봉산에 이르지 못했을 땐 헤아림이 많아,

헛된 인생 붙잡으며 의심이 끝없었다.
마침내 부처님 법문이 법 아닌 법임을 알고서,
산봉우리에 올라오니 나도 없고 스승도 없네.
思量未到雪峰時 愛把浮生取次疑
乃至法門非法法 到頭無我亦無師
(스스로 읊음(自述), 『설봉록』)

"산봉우리에 오르니, 나도 없고 스승도 없다"고 하는 구절은 설봉 선사가 수행자를 위해 주는 큰 법문이다. 참으로 이 한 구절의 법은法恩은 바다보다 깊다.

돌려받은 호떡 한 개

중국의 선사들 중에는 특출한 사람들이 적지 않습니다. 그중에서도 천황도오(748~809)와 제자 용담숭신(782~865) 선사는 임제, 황벽, 조주에 비해 비교적 덜 알려져 있지만, 흙 속에 감추어진 보석과 같은 존재입니다. 이 두 스님의 이야기는 『조당집』에 실려 있는데, 오늘날에도 공부하는 이들에게 삶과 수행에 대해 다시 돌아보도록 이끌어 줍니다.

용담 스님은 출가 전에는 집안 대대로 떡을 만들어 파는 떡장수였습니다. 이름이 신信인 이 떡장수의 이웃 마을 '천황'에는 도오 스님이 주석하고 있었습니다. 천황도오 스님은 천하의 도인으로 알려졌지만, 방문을 걸어 잠그고 참선만 할 뿐, 대중에게 일체 법문을 하지 않았습니다. 떡장수 신은 공덕을 짓기 위해 끼니때마다 도오 스님에게 호떡 10개를 공양했습니다. 이렇게 몇 해를 공양했는데, 공양할 때마다 도오 선사는 떡 한 개를 신에게 돌려주었습니다. 날마다 이렇게 습관처럼 떡을 주고받았는데, 하루는 신에게 의문이 떠올랐습니다.

신이 도오 선사에게 물었다.

"제가 준 떡을 왜 도로 돌려주십니까?"

그러자 선사가 대답했다.

"네가 가져온 것을 다시 네게 돌려주는데 무슨 잘못이 있는 가?"(『조당록』, 동국역경원, 월운 스님 역 참조. 이하 같음)

도오 선사의 말에 떡장수 신은 가슴이 뜨끔해졌습니다. 자기가 만든 호떡을 보시해서 공덕을 지으려고 했는데, 그 떡이 다시 자기에게로 되돌아왔으니, 주고받는 것이 끊어진 것입니다. 떡장수 신은 갑자기 앞이 막막해진 것은 아닐까요? 마침내 떡장수는 출가를 해서 도오 선사를 모시게 되었습니다. 도오 선사는 신에게 숭신崇信이라는 새 이름을 지어 주었습니다.

'네가 가져온 것을 네게 돌려주는데 무슨 잘못이 있느냐?'고 되묻는 도오 선사의 말은 참으로 도오 선사가 누구인지 우리에게 알려줍니다. 부처에게서 나온 것은 부처에게 돌려주어야 하고, 스승에게서 나온 것은 스승에게 모두 돌려주어야 합니다. 도오 선사는 한 물건도 얻을 것이 없는 본래의 성품을 보여주고 있습니다.

사실 도오 선사의 말처럼 일체법을 온 곳으로 되돌리기 어려운 일도 없습니다. 부처의 말을 비단에 새겨 넣어 팔아 재물을 모으고, 스승의 법문을 자기 살림인 양 쓰면서 명예를 구하는 수행자가 적지 않습니다. 세속적인 입장에서는 좋은 제자로 알려질 수는 있어도, 자기의 성품을 밝히는 공부자리에서는 틀린 일입니다. 남의 살림을 익히면 박학하다고 칭송을 받을 수는 있지만, 해탈의 길과는 점점 멀어집니다. 부처와 스승에게 받은 것을 모두 돌려주고, 주고받는 것이 끊어져야 자기를 위한 진정한 공부가 시작됩니다.

숭신 스님은 도오 선사를 여러 해 모셨지만, 스승이 말이 없기는 전과 다를 바가 없었습니다. 스승을 시봉한 지 몇 해가 지난 뒤에, 마침내 숭신은 용기를 내어 물었습니다.

"제가 출가하여 스님이 되었으니 소원은 풀었습니다. 다만, 아직 스님으로부터 심요心要를 듣지 못했습니다. 이제 제게 심요를 가르쳐 주십시오."

도오 선사가 대답했다.

"네가 내게로 온 이래, 일찍이 너에게 심요를 보여 주지 않은 적이 없었다."

"어디가 스님께서 저에게 심요를 보여주신 곳입니까?"

"네가 차를 가져오면 나는 차를 마시고, 네가 밥을 가져오면 나는 밥을 먹고, 네가 인사를 하면 나는 고개를 끄덕였으니, 어디가 그대에게 심요를 보이지 않은 곳인가?"

용담 스님이 고개를 숙이고 잠깐 동안 생각에 잠겨 있는데 천황이 말했다.

"보려면 당장에 봐야지(見卽直下), 생각하려들면 어긋난다."

이 말을 듣자, 숭신이 문득 그 참뜻을 깨달았다.

도오 선사의 한마디에 숭신 스님의 눈이 열렸습니다. 밥 먹고 차 마시는 일의 앞 소식을 본 것입니다. 숭신 스님은 지금 얻은 이 깨달음을 어떻게 지켜나가야 하는지 물었습니다.

"앞으로 어떻게 지켜나가야(保任) 처음부터 끝까지 걱정이 없겠습니까?"

천황 선사가 대답했다.

"성품에 맡겨 무심하게 다니며, 인연 따라 걸림없이 지낼지언정(任性逍遙 隨緣放曠), 선禪에 안주하거나 정定을 익히지 말라(不要安禪習定). 성품은 본래 거리낌이 없으니, 귀를 막거나 눈을 감을 필요도 없다. 신령한 광채가 환하게 빛나지만, 어리석은 듯 어눌한 듯 행하여 세상을 놀라게 하지 말라. 오직 범부의 마음을 그칠지언정, 별달리 성스러운 견해가 없다(但盡凡心 別無聖解). 그대가 능히 그럴 수 있다면 무슨 근심이 있으리오."

(『조당집』 5권)

숭신 스님은 스승 도오로부터 선禪의 심요心要를 얻고 나서는, 매사에 의심이 사라졌습니다. 『조당집』은 스님의 경지를, 마치 객지에 떠돌던 나그네가 집으로 돌아와 다시는 집을 나설 생각을 그만둔 것과도 같고, 가난한 이가 보배 창고를 차지하여 부족하거나 더 이상 구하는 바가 없게 된 것과 같다고 합니다. 숭신 스님은 그 후 용담龍潭이라는 지방에 주석하여, 세상에서는 '용담선사'라고 불렀습니다.

용담 선사는 두드러진 행동을 하지 않았으니, 세상 사람들이 아무도 눈치를 채지 못했습니다. 선에 대한 날카로운 경지를 드러낸 적도 없어서 수행자들이 변변히 물을 기회도 얻지 못했습니다. 이러한 스님의 삶과 수행은, 말할 것도 없이, 문을 걸어 잠그고 지낸 스승 천황도오 선사에게서 유래한 것입니다. 용담 선사는 선禪을 닦지도 않고, 고요함(定)을 익히지도 않으며, 어리석은 듯 어눌하여, 귀신도 그 흔적을 찾지 못합니다. 차 마시고 밥을 먹는 일상의 삶이 그대로 대기대용大機大用입니다. 노자는 일찍이 "수레를 잘 모는 자는 길에 자취를 남기지 않아 남이 종적을 헤아릴 수 없으며, 말을 잘하는 사람은 남들이 시비를 삼을 티를 남기지 않는다."고 했습니다. 자취가 없는 수행 속에는 소박하고 고요한 평화가 흐릅니다. 『조당집』에서는 마지막으로 용담 선사의 진면목을 우리에게 알려줍니다.

어떤 스님이 용담 선사에게 물었다.
"상투 속의 여의주(如意珠; 자기의 성품)를 누가 얻습니까?"
"품에 넣고 애지중지하지 않는 이가 얻는다(不賞翫者得)."
"여의주를 얻으면 어디에다 둡니까?"
"장소가 마련되면 그대에게 말해 주리라."

부처님의 법을 전하는 것은 사람이 하는 일이라, 사람을 끌어들일 방편을 쓰지 않을 수 없습니다. 고상한 게송이 뜨고 몽둥이와 할이 난무하는 것은 얼굴을 찌푸리게 하는 일이지만, 그래도 법을 전해야 하는 입장을 감안하면 한쪽 눈을 감고 보아야 할 여지가 없지 않습니다. 그러나 오늘 우리 주위를 보면, 수행은 점차 하나의 형식이 되고 있습니다. 수행을 할수록 가족과 멀어지고, 세상과 담을 쌓는 일이 벌어지고 있습니다. 수행자의 권위의식도 문제입니다. 이 모두 여의주를 따로 보관하려는 일이 아닐 수 없습니다.

"품에 넣고 애지중지하는 자는 여의주를 얻을 수 없다"고 한 용담 선사의 말은 수행과 삶의 장벽을 단번에 부수어 버립니다. 천황과 용담 선사의 행적은 밥하고 청소하며 회사 다니는 우리의 일상을 다시 돌아보게 합니다.

호정교의 허공 땜질하기

당나라 때 호정교(胡釘鉸, 연대불명)라는 재가도인이 살았습니다. 정교釘鉸는 그릇이나 기물을 쓰다가 금이 가거나 구멍이 나면 때워주는 '땜장이'를 뜻하는 말입니다. 해서 호정교는 우리 식으로 표현하면 '땜장이 호씨'입니다. 호정교의 본명은 호영능胡令能인데, 호영능이 쓴 시가 세상에 전해지고 있는 것으로 보아 그는 유명한 시인이기도 했던 것 같습니다. 땜장이 호정교는 『열자列子』를 좋아했고, 선禪을 닦았습니다. 시로 유명해진 뒤에도 세상에서는 그를 여전히 '호정교'로 불렀습니다. 덕종德宗과 헌종憲宗이 재위한 시기(780~820)에 고향에서 살았다고 전해지고 있습니다.

어느 날 호정교는 보수연소(保壽延沼, 830~888) 선사를 찾았습니다. 보수 스님은 임제 선사의 법손입니다. 선사는 땜장이 호정교의 명성을 익히 들었기에, 만나자마자 대뜸 '허공을 땜질할 수 있느냐'고 물었습니다.

진주鎭州 보수 선사가 호정교에게 물었다.

"(저 유명한) 땜장이 호씨가 아닙니까?"

호정교가 대답하였다.

"외람되지만, 제가 호정교입니다."

선사가 다시 물었다.

"허공을 땜질할 수 있습니까?"

호정교가 말했다.

"허공을 부숴서 가지고 오십시오."

선사가 문득 때리니, 호정교가 말하였다.

"나를 잘못 때리지 마십시오."

그러자 선사가 말하였다.

"훗날 말 많은 선사가 거사님을 점검해 줄 것이오."

(『선문염송』 제18권 749, 정교釘鉸. 경명과 번호는 한글대장경을 따랐다.)

보수 선사가 호정교에게 '허공을 땜질할 수 있느냐?'고 물으니, 호정교는 '허공을 부숴서 가져오면 땜질해 주겠다.'고 응수했습니다. 자성이 여여한데, 허공이라는 분별을 일으키는 보수 스님에게 한 방망이를 내린 것입니다. 선禪에서는 공空을 설하는 반야심경도 아직 문 밖입니다. 보수 선사는 그러나 호정교의 말을 듣자마자 주장자로 때렸습니다. 호정교는 자신의 견해에 잘못이 없다고 말하며, 보수의 주장자를 마땅치 않게 여겼습니다.

보수 선사는 호정교에게 '나중에 말 많은 선사가 이 문제를 분명히 짚어 줄 것'이라고 했습니다. 여기서 말이 많은 선사는 조주 선사(778~897)를 뜻합니다. 조주 스님은 덕산이나 임제 선사처럼 몽둥이나 할을 쓰지 않고, 오직 세 치 혓바닥을 써서 학인들을 지도해주기에 이렇게 표현한 것입니다. 호정교는 비록 큰소리를 쳤지만, 답답한 마음을 풀지 못해 마침내 조주 선사를 찾았습니다.

　　후에 호정교는 조주 선사에게 가서 앞의 이야기를 들어 물었다.
　　"저의 허물이 어디에 있습니까?"
　　조주가 말하였다.
　　"아직도 구멍 난 곳을 메우지 못하고 있구나."
　　호정교는 이 말에 깨달음이 있었다.

　　(『선문염송』 제18권 749, 정교釘鉸)

"아직도 구멍 난 곳을 메우지 못하고 있느냐?"고 묻는 조주 선사의 한마디는 호정교에게 마른하늘에 치는 천둥소리와 같았습니다. 경전에 대한 정연한 논리를 추구하던 호정교는 순간 말마디로 시비是非에 집착하고 있는 자신을 발견하고, 망연자실했습니다. 길을 잃어서야 자기를 돌아보게 됩니다. 경전을 공부한 호정교의 마음속에서는 아직 자신이 그동안 쌓아올린 지식의 성격에 대한 성찰이 일어나지 않았습니다.

　　경전에 박학하고 오래 참선한 수행자가 오히려 문자에 매달리고 논쟁에 몰두하는 것은 경전의 지식이 틀려서가 아니라, 경전을 공부하는 자신의 의식意識에 대한 근본적인 성찰이 없기 때문입니다. 자신의 마음을 진지하게 성찰하여, 그 속에 집착과 분별이라는 위험한 존재를 자각하면, 의식은 스스로 사고를 멈추는 일이 일어납니다. 시비와 승부勝負 의식이 멈추어야 진정한 무심無心입니다.

마음이 쉬지 못하면, 지성은 스스로 지적 기만과 오류를 범하는 자신을 보지 못합니다. 옛사람은 이를 두고 '와서 따지는 사람이 시비를 일으키는 근원'이라고 했습니다. 마치 맞은 사람이 때린 사람을 만드는 것과 같습니다. 『열자』에 나오는 부자 우씨 이야기가 바로 이런 상황에 딱 맞는 예입니다.

우虞씨는 양나라의 부자였다. 집은 재물로 차고 풍성하였으며, 돈과 비단은 헤아릴 수 없이 많았다. 우씨 가족들은 높은 누각에 올라가 큰 길을 바라보면서 음악을 연주케 하고는 술자리를 벌인 다음 투전을 하였다. 사람들은 패짝을 돌리며 크게 웃고 있었다. 마침 협객들이 어울려 길을 가고 있었다. 그런데 이때 날아가던 솔개가 물고 가던 썩은 쥐를 떨어뜨려, 공교롭게 협객 중의 한 사람에게 떨어졌다. 협객들은 웃음소리가 나는 누각을 쳐다보며 말했다.
"우씨는 오랫동안 부귀를 누렸는데도, 늘 사람들을 가벼이 여기는 마음을 갖고 있소. 우리는 그에게 해를 끼치지도 않았는데 우리를 썩은 쥐로 욕을 보이고 있소. 가만히 있다면, 천하에 웃음거리가 될 것이오. 힘을 합쳐 그 집안을 없애버립시다."

모두가 그 말에 동의하였다. 약속한 날이 되자 무리들을 모으고 무기를 마련한 다음 우씨 집을 공격하여 그 집을 크게 망하게 하였다. (『열자』설부편 우씨 이야기 요약)

뜻풀이에 의지하는 한, 공부는 아직 눈이나 귀, 코와 생각이 만든 집착의 경계에서 자유롭지 못합니다. 불법에 대한 이론은 분명하지만, 상대방이 던지는 칭찬과 비난, 옳고 그름에서 마음을 쉴 수 없습니다. 시비에 무심하여 문득 자성自性을 보는 경지에 이르러야 평생의 짐을 벗을 수 있습니다. 대각련大覺璉은 두 스님의 법문이 미지근해 아직 호정교의 눈을 열게 하는 데 이르지 못했다고 아쉬워했습니다.

"앞의 한 구멍 메움이여, 백 조각이 나도록 때려도 둔해서 아픔을 느끼지 못했고, 나중의 한 구멍 메움이여, 점검하자 겨우 흔들리는 마음이 가라앉았구나. 보수와 조주여, 아직 법문이 완전하지 못하도다. 호정교를 밖으로 내보냈으나, 홀로 피리소리를 낸 격이요, 문밖을 나서자, 엉성하게 끝나고 말았다. 누가 깔깔깔 웃는가? 늙은 코흘리개(호정교)로다."

(『선문염송』제18권 정교釘鉸)

마지막으로 설두 선사의 법문을 소개합니다. 선사는 보수와 조주, 그리고 호정교에게 골고루 한 방망이를 내린 뒤, 다시 마지막

한 방망이를 더 내렸습니다.

설두현雪竇顯이 염하였다.

"내가 때려야 할 사람은 셋이다. 첫째는 조주를 때리겠으니, 호
정교의 눈을 멀게 하지 못했기 때문이다. 둘째는 보수를 때리
겠으니, 조주의 입을 막지 못했기 때문이다. 셋째는 호정교를
때리겠으니, 보수를 놓치지 말았어야 했기 때문이다." 그리고
주장자를 번쩍 들고 말하였다. "다시 때려야 할 사람이 하나 더
있으니, 대중들은 일시에 물러나라." 그리고는 곧 선상을 한 번
내리쳤다. (『선문염송』제18권 정교釘鉸)

설두의 마지막 한 방망이는 조주와 보수 두 스님의 부족한 곳을
모두 채우고, 나아가 대중들을 모두 물리쳐 설두산에 오르는 험한
길을 보였으니, 과연 선지식입니다. 그러나 마지막 한 방망이도
결국 선상을 때리는 데 그치고 말았으니, 자리를 피한 대중들의
눈만 찌푸리게 하였습니다. 감흥이 없지 않아 황산곡의 시 한 구
절을 올립니다.

"한 줌 버들가지 손에 쥐기 어려운데(一把柳條收不得),
살랑살랑 봄바람이 옥난간에 걸어 놓네(和風搭在玉欄干)."

덕산 선사의 촛불

덕산선감(德山宣鑑, 782~865) 선사는 속성이 주周씨입니다. 20세에 출가하여 처음에는 율과 경을 공부하였는데, 특히 금강반야경에 뛰어나서 주금강周金剛이라고 사람들이 불렀습니다. 스님은 등에 『금강경』과 논소가 든 걸망을 지고 다니며, 천하의 선지식들과 논쟁을 벌였습니다. 덕산은 우연히 남방에서는 경을 무시한다는 말을 듣고 선사들을 만나러 길을 떠났습니다. 가는 중간에 점심을 먹으러 객점에 들렀는데, 객점 할머니가 덕산에게 물었습니다.

"저 짐 속에는 무엇이 들었습니까?"
"『금강경』 주석서입니다."
"그렇다면 제가 묻겠습니다. 금강경에서는 '과거의 마음도 얻
   을 수 없고, 현재의 마음도 얻을 수 없으며, 미래의 마음도 얻
   을 수 없다(過去心不可得 現在心不可得 未來心不可得)'고 하는데,
   스님은 어느 마음에 점을 찍으려(點心) 하십니까?"
(『벽암록』 제4칙 덕산협복德山挾複 일부 인용)

할머니가 말하는 구절은 『금강경』 제19 법계통화분에서 나오는 법문입니다. 그러나 덕산은 세상에서 내가 제일 잘 안다고 자부하는 금강경 구절인데도 할머니의 물음 앞에서는 그만 입이 얼어붙고 말았습니다. 노보살님을 보면, 분명히 근처에 선지식이 있으려니 해서 물었더니, 과연 근처 용담에 한 스님이 주석하고 있었습니다. 덕산은 마침내 숭신(용담숭신) 선사를 찾아갔습니다(용담 선사에 대해서는 앞의 〈돌려받은 호떡 한 개〉 참조). 하루는 용담 스님과 이런저런 말을 나누다가 밤이 늦었습니다. 덕산은 인사를 올리고 나왔습니다.

덕산이 인사를 드리고 발을 거두고 나오려니, 밖이 어둡기에 돌아서서 말하였다.
"스님, 밖이 어둡습니다."
그러자 용담이 지촉(紙燭, 종이로 만든 초)에 불을 붙여 건네주었다. 선사가 막 받아 가지려는데 용담이 훅 불어 꺼버리니, 선사가 모르는 결에 소리를 질렀다.
"내가 지금부터는 천하 노화상의 혀끝을 의심하지 않겠습니다."

용담 스님이 종이 촛불을 꺼버리자, 덕산은 문득 자기의 성품을 보았습니다. 지금까지는 밖에 있는 경전이 안내자였지만, 이제는 자기 안의 성품에 의지하게 된 것입니다. 옛사람은 본래의 마음을 찾은 소식을 이렇게 노래했습니다.

나에게 한 권의 경이 있으니(我有一卷經),
종이와 먹으로 되지 않았다(不因紙墨成).
펼치면 한 글자도 볼 수 없어도(展開無一字),
항상 대광명이 일어난다(常放大光明).

덕산의 깨달음이 단단한 것을 본 용담 선사는 다음 날 법상에서
이렇게 칭찬했습니다.

"이 가운데 어떤 이는 어금니가 칼 나무 같고, 입이 피를 담은
동이 같은데 한 방망이 때려도 고개도 돌리지 않는다. 다른 날
외딴 봉우리 위에서 나의 도를 퍼뜨리리라."

법회가 끝나자 덕산은 법당 앞에서 자기가 지니고 다니던 금강
경 주석서(疏鈔)를 불에 태우며 말했습니다.

"온갖 현묘한 말재주를 다 부리더라도 터럭 하나를 허공에 날
린 것 같고, 세상의 온갖 재간을 다 부리더라도 한 방울 물을
바다에 던진 것 같다."(『선문염송』제17권 665 입실)

덕산 선사는 학인이 찾아오면, 문을 닫아버리거나 몽둥이로 한
대 때렸습니다. 참으로 드높은 법회요, 살아 있는 법문입니다. 다
음에 소개하는 선사의 법문은 이 사이 소식이 무엇인지 짐작하게

합니다.

덕산德山이 대중들에게 말하였다.
"나의 견해는 그렇지 않다. 여기에는 부처도 없고 법도 없다. 달마는 비린내가 나는 늙은 오랑캐요, 10지 보살은 똥 푸는 하인이요, 등각·묘각 두 보살은 파계한 범부요, 보리와 열반은 나귀 매는 말뚝이요, 12분교分敎는 귀신이 종기 닦은 휴지요, 4과果와 3현賢과 초심初心과 10지地는 옛 무덤을 지키는 귀신이니, 자신인들 구제하겠는가? 부처란 늙은 오랑캐 똥막대기이다." (『선문염송』 17권 676, 불야佛也)

덕산의 법문에 대해 운문 선사는 "부처를 찬양하고 조사를 찬양하는 데는 반드시 덕산노인이라야 된다."고 말했습니다. 분별을 떨쳐버리는 것은 무심을 위한 무심이 아니요, 오직 망념을 쉬는 무심입니다. 선을 참구하는 자리에서는 경전에 대한 지식이라도 아직 청산을 막는 구름입니다. 구름이 걷히면 청산이니, 다시 다른 일이 없습니다. 덕산 선사는 임종에 이르렀어도 여전히 사자의 어금니를 드러냈습니다.

덕산 선사가 병을 앓자, 어떤 스님이 물었다.
"앓지 않는 사람도 있습니까?"
선사가 대답하였다.

"있다."

스님이 다시 물었다.

"누가 앓지 않는 사람입니까?"

선사가 말하였다.

"아야, 아야." (『선문염송』 제17권 677, 아야呵哪)

덕산은 외딴 봉우리 위에서 홀로 서 있는 주인공이 되어, 사람과 법(人法), 생과 사(生死)의 경계에 휘둘리지 않았습니다. 방종과 속박을 넘어, 그리고 관념적인 자유에서 벗어나 살아있는 자유가 무엇인지 탐구하는 일은 선의 중요한 화두입니다. 덕산 선사의 삶은 경전을 넘어 자성을 보는 공부의 가치를 깨닫게 합니다.

나는 너만 못하다

선에서는 자기의 성품을 보는 것이 가장 중요합니다. 그러나 공부를 하다보면, 어디서 누구에게 배웠는지, 그리고 무슨 경전을 공부했고, 어디서 얼마나 오래 앉았는지 등 자기의 수행이력이 더욱 중요해지는 경우가 많습니다. '학인이 해야 할 본분이 무엇이냐?'고 물었을 때, 조주 선사는 배우는 사람이 흔히 가질 수 있는 분별을 경계했습니다.

한 스님이 조주 선사에게 물었다.

"학인이 마땅히 해야 할 본분은 무엇입니까?"

조주가 대답했다.

"나무가 흔들리면 새들이 날아가고

고기가 놀라면 물이 흐려진다."

問:如何是學人本分事?

師云:樹搖鳥散　魚驚水渾. (『조주록趙州錄』)

공부에는 여러 경계가 있지만, 특히 갈림길에서 헤매다 문득 하나를 발견할 때 일어나는 일이 많습니다. 그래서 승찬 대사는 "둘은 하나에서 생기니, 하나마저 지키지 말라.(二由一有 一亦莫守,『신심명』)"고 했습니다. 그러나 이 말 또한 아직 문자에 갇혀 있어 답답합니다. 가슴속에서 우러나와야 살아 있는 말입니다.

　송나라 자명 선사는 늘 학인들에게 "너 스스로 알아라. 나는 너만 못하다.(你自會去 我不如汝)"고 했습니다. 양기방회(992~1049) 선사는 후에 임제종 양기파를 세운 선의 거장입니다. 스님은 처음 공부할 때 자명 선사의 법문을 듣고 이런저런 질문을 했습니다. 그러나 그럴 때마다 자명은 오직 "너 스스로 알아라. 나는 너만 못하다."는 같은 말만 되풀이할 뿐이었습니다. 양기는 그 말이 가슴에 들어오지 않아 목이 타는 듯했습니다.

　어느 날, 양기 선사는 좁은 길에서 단둘이 자명 선사와 마주쳤습니다. 양기는 이 기회를 놓치지 않았습니다.

　양기 스님은 마음이 참으로 간절하였다. 어느 날 좁은 길에서 기다리고 있었는데 그때 마침 큰 비가 내렸다. 양기는 자명 선사의 멱살을 붙잡고 말했다. "오늘은 저에게 말씀해 주지 않으면 스님을 때리겠습니다." 그러자 자명 선사가 큰 소리로 말했다. "너 스스로 알아라. 나는 너만 못하다." 양기는 이 말을 듣고 활짝 깨달았다. (백운경한,『직지심경』, 양기방회편)

양기 선사는 "나는 너만 못하다."라는 자명의 한마디에서 오랜 방황에서 벗어났습니다. 나(자명)는 너(양기)만 못하다는 말은 오직 양기 스스로 자기의 성품(自性)을 볼 때만 그 뜻이 살아납니다. 무심해야 자기의 참다운 면목을 볼 수 있으니, 애써 얻은 그동안의 공부를 모두 내려놓을 때 자신의 참 주인공이 제 모습을 드러냅니다.

마지막으로 야부 선사의 게송을 소개합니다. 선사의 시는 양기 선사가 그날 본 것이 무엇인지 알려줍니다.

스님은 스님이고, 속인은 속인이며,
기쁘면 웃고, 슬프면 통곡한다.
만약 여기에서 잘 참구하면,
6, 6은 본래 36이로다.
僧是僧兮俗是俗　喜則笑兮悲則哭
若能於此善參詳　六六從來三十六
(『금강경오가해』 제23 정심행선분)

남서기의 식은땀

분별을 일으키고 망상을 서로 나누는 것은 중생의 살림살이입니다. 너와 나를 가르고 옳고 그름을 따지는 것은 겉으로는 서로 대립하고 싸우는 모습이지만, 실상 분별에 의지하고 뒤바뀐 생각을 서로 나누는 동업同業 중생의 삶입니다. 스승과 제자가 법을 전하고 받아도 다만 이 안에서의 일이라면, 중생의 모습 놀이와 다를 바가 없습니다. 그러므로 옛 조사들은 분별을 끊어내는 길은 스승과 제자가 삼생(三生; 과거 현재 미래)의 원수지간이라야 할 수 있다고 했습니다.

중국 송나라 때의 초원자명(楚圓慈明, 986~1040) 선사가 바로 그런 사람이니, 스님은 찾아오는 학인들을 삼생의 원수를 만난 듯했습니다. 다음은 황룡혜남(黃龍慧南, 1002~1069) 스님이 자명 선사를 찾아 공부한 이야기입니다.

혜남 스님은 야참夜參 법문에서 여러 총림의 잘못된 견해를 비난하는 자명 스님의 설법을 처음으로 들었는데, 모두가 평소에 어렵게 얻은 요체들이었다. 그리하여 감탄해 마지않고 정성을 다하여 도를 물으려고 세 차례나 입실했으나, 그때마다 꾸지람만 듣고 물러났다. 끓어오르는 화를 참지 못하여 절을 떠나려고 하였다. 절에서 맡은 서기書記 일을 모두 되돌려주고 그 이튿날 다시 찾아갔지만, 자명 스님의 꾸지람은 여전하였다. 황룡 스님이 말하였다.

"저는 다만 깨닫지 못하였기에 찾아와 물은 것입니다. 선지식께서는 마땅히 방편을 베풀어 주셔야 하는데도 가르쳐 주시지는 않고 오로지 꾸지람만 하시니, 어찌 그것을 예부터 법을 전수해 온 격식이라 하겠습니까?"

그러자 자명 스님은 놀라며 말하였다.

"남서기(南書記; 혜남)야! 내가 너를 꾸짖는다고 생각하느냐?"

황룡 스님은 그 말에 마치 통 밑바닥이 쑥 빠지듯 훤히 깨치게 되어 절을 올리고 일어서니, 몸에서는 식은땀이 흠뻑 흘러내렸다. 황룡 스님이 그곳을 떠나면서 자명 스님께 여쭈었다.

"대사大事를 끝마치면 앞으로 어찌해야 합니까?"

그러자 자명 스님은 그를 꾸짖었다.

"옷 입고 밥 먹는 일은 끝마치는 것이 아니며, 똥 누고 오줌 싸는 일은 끝마칠 것이 아니다."(『임간록』, 장경각)

수행을 반듯하게 하는 사람일수록 자기가 옳다는 생각으로 무장합니다. 옛 조사는 "와서 시비를 하는 사람은 바로 시비를 만드는 사람이다."라고 했습니다. 시비에 갇혀 있으면 무심無心을 만날 수 없으니, 그런 사람은 무심을 뜻으로 풀 수는 있어도 무심을 누리지는 못합니다. 자명 선사의 꾸지람을 들은 황룡 스님은 온몸에 식은땀을 흘리며, 수행하면서 얻은 자신의 모든 경계를 단숨에 내려놓았습니다. 자기를 떠받치는 하늘과 땅이 무너지며, 허공에서 쇠말뚝을 얻은 것입니다. 황룡 스님은 나중에 임제종 황룡파의 개조가 되어 쓰러져가는 임제종을 다시 일으켰습니다.

자명 스님의 방편은 참으로 의식意識과 분별分別에 대한 깊은 이해에서 나온 것이라고 하지 않을 수 없습니다. 일찍이 설봉(설봉의존雪峯義存, 822~908) 선사는 몽둥이 하나로 학인이 경계에 휘둘리는지의 여부를 단박에 가려내었습니다.

설봉 스님이 하루는 한 스님을 시험해 보려고 물었다.
"어디서 왔는가?"
"절중浙中에서 왔습니다."
"뱃길로 왔나? 육지로 왔나?"
"두 가지 길을 모두 거치지 않습니다."
"그러면 어떻게 이곳에 올 수 있었나?"
"무슨 막힘과 걸림돌이 있겠습니까?"
스님은 그를 때려 쫓아버렸다.

10년이 지난 뒤 그 스님이 다시 찾아오자 설봉 선사가 물었다.

"어디서 왔는가?"

"호남에서 왔습니다."

"호남은 이곳에서 얼마나 되는가?"

"멀지 않습니다."

스님께서 불자를 세우며 물었다.

"이만치 떨어져 있는가?"

"그만한 거리라면 이곳에 오지 못했을 것입니다."

스님께서는 지난번과 같이 그를 때려서 쫓아버렸다.

이 스님은 그 후 절의 주지를 맡게 된 다음, 사람만 만나면 설봉 스님의 욕을 하였다. 그런데 이 스님에게 함께 수행하던 스님이 있어 이 이야기를 듣고는 특별히 그를 찾아가 물었다.

"사형이 설봉 스님을 찾아뵈었을 때 설봉 스님께서 무슨 말씀을 하셨기에 이렇게 그분을 욕을 합니까?"

그 스님이 두 번의 일을 이야기하니 함께 수행하던 스님이 꾸중을 하면서 당시 상황을 설파해주니, 그 스님은 슬피 울면서, 늘 한밤중에 향을 사르고 멀리 설봉산을 향하여 절을 올렸다.

(『설봉록』 하 70, 장경각)

아무리 자성自性을 보았다 하더라도 분별을 하는 '내'가 남아 있다면 공부는 아직 문밖입니다. 방석에 오래 앉은 수행자가 도리어 작은 일에도 화를 내는 것은 마음이 쉬지 못한 까닭입니다. 내가 '누구 누구'라는 분별이나, 무엇을 성취했거나 아직 얻지 못했다는 망상은 두려움을 낳고, 두려움은 다시 '내 것(나의 성취)'에 대한 애착을 낳습니다. 자기는 옳은데 몽둥이를 맞았다고 억울해 한다면, 이 세상의 수행자 중에 억울하지 않은 사람은 한 사람도 없습니다. 옳고 그름을 따지며 자신을 항변하는 것은 세속 사람도 하는 일입니다. 설봉 선사를 욕하던 스님은 마침내 설봉산을 향해 절을 했습니다. 만나는 사람마다 자기의 경지가 옳다고 항변했지만, 뒤늦게 잘못을 깨달아 설봉 선사에게 매 맞은 값을 돌려주었습니다. 참으로 이 공부는 은혜를 알아야 은혜를 갚을 수 있습니다.

중국의 유마 거사라고 칭송을 받는 방 거사는 공부에 눈이 열리자 자기의 모든 재산을 배에 싣고 동정에 있는 상강湘江에 버렸습니다. 주위 사람들이 어려운 사람들에게 나누어 주든가 불사에 보시하라고 하자, 거사는 "내가 이미 나쁜 것이라고 생각하는 것을 어찌 남에게 주랴. 재물은 몸과 마음을 괴롭히는 것이다."라고 단호하게 말했다고 합니다. 재물의 가치를 논하는 입장에서는 자취를 끊어 길없는 길에 들어선 방 거사를 이해하기 어렵습니다. 노자는 일찍이 '수레를 잘 모는 사람은 길에 자국이 남지 않아 적군이 뒤쫓기 어렵다'고 했습니다.

분별의식分別意識의 깊은 속 어둠을 꿰뚫어보지 못하면, 망념이 늘 자성을 가립니다. "혜남아! 내가 너를 꾸짖는다고 생각하느냐?"라고 외친 자명 선사의 벼락같은 한마디에 혜남 스님은 자기도 모르게 식은땀을 흘렸습니다. 학인을 원수로 대하고 천 길 낭

떠러지로 밀어 넣는 자명 선사의 방편은 혜남 스님으로 하여금 단번에 분별을 떨치고 자기의 뒤통수를 보게 하였습니다. 영리한 개는 고깃덩어리를 물지 않고 고기를 던져주는 도적을 무는 법입니다.

갈료 혜능

-너는 갈료인데, 어떻게 부처가 될 수 있느냐?

갈료의 견성

공부는 첫걸음이 중요합니다. 불교에 처음 입문한 사람은 대체로 사성제와 팔정도를 먼저 학습하고, 아울러 절에서의 예절 등을 배웁니다. 그러나 선문禪門에서는 단박에 자기의 본성을 보는 것을 귀하게 여깁니다. 옛 사람들은 어디서 무엇을 배웠는지 묻지 않고, 오직 안목이 바른 것만 귀하게 여겼습니다. 이 말은 무슨 짓을 해도 깨달으면 그만이라는 뜻이 아니라, 수행자가 자신의 지위나 수행이력에 집착하여 정작 중요한 깨달음을 등한시하는 것을 경계한 말입니다.

혜능(638~713)이 20대 초반 처음 홍인 대사를 만났을 때, 첫 질문은 자기의 성품을 보고 부처를 이루는 것(見性成佛)이었습니다. 홍인 대사는 초라한 나무꾼 혜능을 보자마자 '갈료獦獠가 무슨 성불이냐'고 꾸짖었습니다. 갈료(사냥개 족속)는 문화가 발달한 중국의 북방사람들이 남방사람들을 경멸해서 부르는 호칭으로, 농사도 지을 줄 몰라 사냥이나 해서 먹고사는 오랑캐라는 뜻입니다.

오조 대사(홍인)가 꾸짖으며 말했다.

"너는 영남 사람이요 또한 갈료이거니, 어떻게 부처가 될 수 있
단 말인가?"

혜능이 대답했다.

"사람에게는 남북이 있으나, 부처의 성품(佛性)은 남북이 없습
니다. 갈려의 몸은 스님과 같지 않으나, 부처의 성품에는 무슨
차별이 있겠습니까?" (『돈황본 육조단경』)

혜능은 처음부터 자기의 근본 성품이 무엇인지 탐구를 하고 있
었습니다. 사실 본성에 대한 탐구는 혜능의 전유물이라고 할 수
없습니다. 일찍이 공자나 맹자의 성선설이나 순자의 성악설 등 춘
추전국시대부터 내려오는 학문과 도덕의 보편적인 주제입니다.
사람의 본성을 탐구하고자 하는 혜능의 기개는 당대의 고승 홍인
앞에서 조금도 위축되지 않았습니다.

청년 혜능은 비록 글자 공부를 하지 못했지만, 홍인 대사를 만
나 일년이 채 안 되어 자기의 성품을 보았습니다. 20대 초반의 머
리도 깎지 않은 청년이 홍인의 뒤를 이어 선종의 육조(六祖, 여섯
번째 조사)가 된 것입니다. 혜능은 당시 자기의 경지를 이렇게 표
현했습니다.

보리는 본래 나무가 없고,
밝은 거울 또한 받침대가 없다.

불성은 항상 청정하거니,

어느 곳에 티끌과 먼지 있으리요.

菩提本無樹　明鏡亦無臺　佛性常淸淨　何處有塵埃

마음은 보리의 나무요,

몸은 밝은 거울의 받침대다.

밝은 거울은 본래 깨끗하거니,

어느 곳에 티끌과 먼지가 더럽히리오.

心是菩提樹　身爲明鏡臺　明鏡本淸淨　何處染塵埃

　혜능 대사의 게송을 보면, 오직 사람의 내면에 있는 불성이 본래 청정한 것에 크게 마음이 열린 것을 알 수 있습니다. 우리가 흔히 접하는 『덕이본 육조단경』에는 대사의 게송 중 셋째 구절 '불성상청정佛性常淸淨' 대신에 '본래무일물本來無一物'이 등장합니다. 그래서 '본래 한 물건도 없는데, 어느 곳에 티끌과 먼지가 있으리오.'로 새깁니다. 당나라 때의 고승 황벽 선사(?~856)의 법문에도 '본래무일물' 구절을 인용하는 것으로 보아 서로 다른 전승을 가진 『단경』의 역사가 이미 오래 전부터 시작된 것을 알 수 있습니다. 그러나 현재 발견된 『단경』 중에서 가장 고본古本으로 알려진 『돈황본 단경』에는 위와 같이 자성이 청정함을 강조하고 있습니다.

　혜능이 쓴 게송을 보고, 홍인 대사는 한밤에 혜능을 불러 법을 전했습니다. 혜능은 그 장면을 이렇게 회고했습니다.

오조 스님께서 밤이 되자 삼경(三更, 밤 11시~새벽 1시)에 나(혜능)를 조사당에 불러 금강경을 설해 주셨다. 내가 한 번 듣고는 그 자리에서 깨달았다. 그날 밤에 내가 법을 받았으니, 아무도 알지 못했다. 오조께서 단박에 깨치는 법(頓法)과 가사를 주면서 말씀하셨다.

"너는 이제 여섯 번째 조사가 되었으니, 이 가사로써 신표를 삼아 대대로 전하라. 이 돈법은 마음으로써 마음에 전하되 반드시 스스로 깨닫게 하라(法以心傳心 當令自悟)."

오조 스님이 또 말씀하셨다.

"혜능아, 예부터 법을 전하는 일은 목숨이 실날에 매달린 것과 같다. 이곳에 머물면 사람들이 너를 해칠 것이니, 너는 속히 떠나거라."(『돈황본 육조단경』수법편)

혜능은 홍인 대사의 법문을 듣자마자 그 자리에서 청정한 자기의 진여본성眞如本性을 보았습니다. 자성이 항상 청정하여 더럽혀지지 않는 것을 본 사람은 다시 더 닦을 것이 없습니다. 혜능은 20여 년이 지나 대범사 법회에서 스승 홍인 대사에게서 얻은 선의 요점을 이렇게 밝혔습니다.

"대중들이여, 나는 홍인 스님이 계신 곳에서 한 번 법문을 듣자, 당장 그 자리에서 크게 깨달아, 단박에 진여본성眞如本性을 보았다. 그러므로 이 교법을 후대에 유통하게 하여, 도를 배우는 자로 하여금 단박에 보리를 깨닫게 해야 한다. 각자 스스로 마음을 보아 자기의 본성을 단박에 깨닫게 해야 한다."

(『돈황본 육조단경』 돈오편)

대사의 말에는 자신이 젊어서 얻은 깨달음에 대한 확신이 성성하게 살아 있습니다. 그리고 단박에 깨닫는 가르침(頓敎法)을 후대에 유통하게 하여 도를 배우는 이들 또한 단박에 깨달음을 얻게 해야 한다고 강조합니다. 대사는 선악善惡 등 바깥 경계(相)에 대한 분별을 내려놓으면 누구나 단박에 자기의 청정한 본성을 볼 수 있다고 설법했습니다.

『유마경』에 말씀하기를 "단박에 탁 트여 본래 마음을 도로 찾는다." 하였고, 『보살계』에 말씀하기를 "본래 근원인 자성이 청정하다."고 하였다. 대중들이여, 자기의 본성(自性)이 스스로 청정함을 보라! (닦아서 부처가 되는 것도) 자성이 스스로 닦아 자성이 스스로 부처가 되는 것이니, 자성법신自性法身이 스스로 행하는 것이다. 부처의 행도 자성이 스스로 지은 것이니, 자성이 스스로 불도를 이루는 것이다. (『돈황본 단경』 좌선편)

나무꾼 혜능이 처음 홍인 대사를 찾은 것은 『금강경』과의 인연이 있었기 때문입니다. 혜능은 우연히 어떤 손님의 청에 따라 장작을 관에서 운영하는 객점客店까지 배달했습니다. 장작 값을 받고 돌아서는 길에 혜능은 그 객점에서 한 손님이 금강경을 독송하는 것을 들었습니다. 『단경』에 따르면, 혜능은 한 번 듣고는 마음이 밝아져 곧바로 깨달았습니다(慧能一聞 心明便悟). 혜능은 이윽고 황매현 빙모산에서 금강경을 설하는 홍인 대사를 찾아갑니다. 이런 까닭으로 혜능 대사는 자성을 깨닫는 중요한 경전으로 대중들에게 금강경을 널리 권했습니다.

『금강경』(이상적멸분)에서 부처님은 "모든 부처님들은 아상 인상 중생상 수자장 등 일체의 상을 떠난 이들이다.(離一切諸相 即名諸佛)"라고 설법합니다. 혜능 대사 또한 밖으로 상을 떠나는 것을 선정禪定의 기본으로 강조했습니다. "상相을 떠나면 선禪이며, 설사 밖으로 상이 있다 하더라도 안으로 고요하면, 자성은 본래 청정하여 스스로 고요해진다."(돈황본 단경 좌선편)고 했습니다. 선악 시비 재물 명예 등 경계를 만나도 안으로 어지럽지 않으면 무념無念입니다. 무념이면 단박에 청정한 자성을 보게 되니, 대사는 무념이야말로 자기의 진정한 선지식이라고 했습니다. 사람에게는 누구나 청정한 성품이 있으며, 무심하면 설사 갈료라도 단박에 자성을 볼 수 있다고 했으니, 혜능 대사의 법문 속에는 젊은 날 스스로 체험한 깨달음이 꿋꿋하게 흐르고 있습니다.

 사족

혜능은 생전에는 주위의 박해로 육조의 지위를 누리지 못했습니다. 제자 신회가 헌신적으로 노력한 결과 사후 80여 년이 지나서야 당나라 왕실로부터 공식적으로 '신회는 칠조, 혜능은 육조'로 추인되었습니다. 혜능은 홍인의 인가를 받은 후 17년 동안 은거한 뒤, 당시로서는 벽지인 남쪽 광동지역에서 법을 폈습니다.

혜능 대사의 '내가 가는 곳'

최근 한 대학병원 암센터가 발표한 내용이 흥미를 끌었습니다. 죽음에 대한 환자나 주위 의료인들의 생각을 잘 나타내주는 내용이었습니다. 조사에 의하면, 죽음은 삶의 끝이고, 죽음은 고통스럽고 두렵다고 말한 응답자는 그렇지 않은 사람보다 정신적·사회적·영적 건강 상태가 1.2~1.4배 좋지 못했습니다. 반대로 사후세계를 믿고, 관용을 베푸는 삶, 죽음을 삶의 완성으로 보는 데 동의한 응답자는 그렇지 않은 사람보다 정신적·사회적·영적 건강 상태가 1.3~1.5배 좋은 것으로 나타났습니다.

정신의학자들이나 심리상담사들은 한결같이 죽음을 긍정적으로 받아들여야 현재의 삶을 건강하게 살 수 있다고 말합니다. 이 말은 결국 죽음을 긍정적으로 받아들이기가 얼마나 어려운지 반증합니다. 삶에서 보면, 죽음은 삶에서 얻은 모든 것을 빼앗아가는 존재입니다. 그러므로 삶의 입장에서 보는 죽음은 허무하고 끝이며, 두렵고 고통스러운 것입니다. 그러나 이러한 관점은 아직 주관적입니다. 죽음은 죽음에서 보아야 하기 때문입니다. 죽음을 있는 그대로 보기 위해서는 삶의 집착에서 벗어나야 합니다. 집착을 버릴 때, 죽음은 삶과 동등한 존재로 다가옵니다. 죽음은 오히려 만물을 새롭게 하는 신성한 존재입니다.

선禪은 여기에서 더 나아갑니다. 삶과 죽음이 일어나는 자기의 본바탕(自性, 자기 본래의 성품)을 봅니다. 자성을 보고나면, 삶과 죽음이 다시 보입니다. 그러므로 죽음을 대비하는 일은 세속의 일이지만, 죽음이 없는 곳에 이르러야 선에서 말하는 참된 삶입니다. 육조혜능 대사가 제자들에게 임종이 가까웠음을 알렸을 때, 법해를 비롯한 제자들은 모두 슬피 울었습니다. 오직 젊은 신회만이 평정하게 앉아 있자, 대사는 이렇게 말했습니다.

"어린 신회는 도리어 좋고 나쁜 것에 대하여 평등함을 얻어, 헐뜯거나 칭찬함에 흔들리지 않는데, 나머지 사람들은 그렇지 못하구나. 그렇다면 여러 해 동안, 산중에서 무슨 도를 닦았는가? 너희가 지금 슬피 우는 것은 또 누구를 위함인가? 내가 가는 곳을 내가 모른다고 근심하는 것인가? 만약 내가 참으로 가는 곳을 모른다면, 끝내 이렇게 작별을 고하지 않을 것이다. 너희들이 슬피 우는 것은 곧 내가 가는 곳을 몰라서이다. 만약 가는 곳을 안다면, 곧 슬피 울지 않으리라. 자성의 바탕(性體)은 생김도 없고 사라짐도 없으며(無生無滅), 가는 것도 없고 오는 것도 없다(無去無來)."(『돈황본 육조단경』 28. 진가眞假)

대혜종고(1089~1163) 스님은 남송시대 선禪의 거장입니다. 선사가 세상을 떠날 때, 제자들 사이에는 임종게가 있어야 한다는 의견과 없어도 무방하다는 의견이 서로 맞서 시비가 분분했습니다. 당시에는 고승들이 임종에 즈음해서 게송을 남기는 일이 관례처럼 되어 있었습니다. 대혜 스님은 임종게를 독촉하는 제자들에게 "임종게가 없으면 죽지도 못하느냐?"라고 큰 소리로 꾸짖었습니다. 대중이 다시 간곡히 청을 하자, 선사는 이렇게 글을 남겼습니다.

"태어나는 것도 다만 이렇고, 죽는 것도 다만 이러할 뿐이다.
임종게가 있거나 없는 것이, 그게 뭐 대단하냐!"
生也只恁麼　死也只恁麼　有偈與無偈　是甚麼熱大
(『경산지徑山志』)

임종게를 간청하는 대중들의 입장은 스승을 높이고 싶어하는 마음에서 나온 것이라 이해할 수 없는 것은 아니지만, 수행자로서는 아직 안목이 세속에서 벗어나지 못했다고 할 수밖에 없습니다. 생멸生滅과 시비是非에 초연해야 자기의 본바탕을 볼 수 있습니다. 죽음을 자성에서 보지 못하면 죽음에 대한 온갖 위선이 일어나, 마침내 나도 속이고 남들도 속이는 일이 벌어집니다. 육조 대사는 숨을 거두기 전, 마지막으로 제자들에게 당부했습니다.

"너희들은 잘 지내거라. 이제 너희들과 작별하리라. 내가 떠난 뒤에 세상의 풍속에 따라 슬피 울거나, 사람들의 조문과 돈과 비단을 받지 말며, 상복을 입지 말라. 성인의 법(聖法)이 아니며, 나의 제자가 아니다. 내가 살아 있던 날과 똑같이 한때에 단정히 앉아서, 움직임도 없고 고요함도 없으며(無動無靜), 생김도 없고 사라짐도 없으며(無生無滅), 가는 것도 없고 오는 것도 없으며(無去無來), 옳은 것도 없고 그른 것도 없으며(無是無非), 머무름도 없고 가는 것도 없어서(無住無往), 평상하고 고요하면(坦然寂靜), 이것이 대도大道이다. 내가 떠난 뒤에 오직 법에 의지하여 수행하면 내가 있던 날과 같지만, 내가 만약 세상에 있더라도 너희가 교법敎法을 어기면 내가 있은들 이익이 없다." (『돈황본 육조단경』 32. 멸도)

혜능 대사가 제자들에게 "움직임도 없고 고요함도 없으며, 생김도 없고 사라짐도 없으며, 나아가 옳고 그름도 없어서 평상하고 고요하라"고 당부하는 것은 오직 여여한 자성에 의지하기 때문입니다. 자성을 본 사람은 밖으로 생멸生滅이나 거래去來와 시비是非의 경계에 의지하지 않습니다.

자성을 보는 일(見性)이 무엇인지 극명하게 보여주는 이는 혜명입니다. 그는 혜능 대사에게서 가장 먼저 가르침을 받고 자성을 깨달은 스님입니다.

처음 혜능이 홍인 대사에게 인가를 받고 법의法衣를 받아 떠났을 때, 혜명惠明 상좌는 아직 머리도 깎지 않은 20대 초반의 혜능을 인정할 수 없었습니다. 당시 절의 대중들은 오랫동안 신수법사를 오조 홍인 대사의 후계자로 의지하고 있었습니다. 혜명은 세속에서 삼품장군을 지낸 출신답게 성품이 매우 거친 사람이었습니다. 신수 스님을 따르는 대중의 한 사람으로서 선악善惡과 시비是非로 단단히 무장을 하고는, 혜능을 쫓는 수백 명의 대열에 합류했습니다.

두 달쯤 지나, 다른 사람들은 모두 중도에서 돌아갔으나, 혜명은 마침내 대유령에서 혜능을 붙잡았습니다. 목숨에 위협을 느낀 혜능이 법의를 돌려주려고 하자, 혜명은 마음을 고쳐먹고 청년에게 법문을 청했습니다. 혜능은 그 자리에서 입을 열었습니다.

"선도 생각하지 말고, 악도 생각하지 마시오. 바로 이러할 때, 어떤 것이 혜명 상좌의 본래면목입니까?"

不思善 不思惡 正與麼時 那箇是 明上座 本來面目

(『덕이본 단경』)

혜능은 자기를 잡으려온 혜명의 마음속을 꿰뚫어 본 것입니다. 선과 악에 대한 분별을 지금 당장 내려놓고, 그 속을 돌아보라고 한 혜능의 한마디에 혜명 상좌는 문득 눈이 열렸습니다. 증오와 애착을 버리자, 물을 마시면 차고 더움을 스스로 느끼듯 자기 본래의 성품을 직접 본 것입니다. 혜명은 이제 스승이 된 혜능의 명에 따라 사람들을 제도하기 위해 북쪽으로 돌아갔습니다.

혜능의 법문은 참으로 소박하고 체험이 살아 있습니다. 위 혜능 대사의 법문은 전통적인 해석을 따른 것입니다. 원문 중 나개那箇를 '어떤 것'으로 번역하지 않고, 단순히 '저것, 또는 그것'으로 해석하면 "선도 생각하지 말고 악도 생각하지 마시오. 바로 이러할 때, 그것이 곧 혜명 상좌의 본래면목입니다."로 번역할 수 있습니다. 이렇게 해석하면 문장의 흐름이 자연스럽습니다. 중국어사전에는 나개那個를 '그것'이라는 뜻으로 쓰는 예를 많이 보여줍니다.

청년 혜능과 혜명 상좌가 대유령에서 법을 주고받는 모습은 단박에 자성을 깨달아 수행을 다 마치는 자성돈수自性頓修의 현장을 생생하게 보여줍니다. 선의 수행과 깨달음은 사람과 사람이 부딪치는 일상의 공간에서 활발하게 일어나야 합니다.

자기 안의 선지식

최근 주위의 한 도반이 큰 수술을 받았습니다. 수술을 앞두고 그 도반은 무엇보다 수술을 하고 나서 의식을 회복하지 못하게 될까 걱정했습니다. 수술이 혹 잘못되거나 몸이 약해 의식이 없는 상태가 되는 것이 두려웠던 것입니다. 그러나 수술을 받고 나서는 누구보다 빨리 의식을 회복했습니다. 그것도 성성하게 깨어난 것입니다. 저는 그 도반에게 평생 닦은 참선의 힘이라고 그간의 고통을 위로했습니다.

수행의 가장 기본은 좌선이라고 할 수 있습니다. 좌선의 형식은 종파에 따라 다양하지만, 참선이나 좌선은 결국 수행을 통해 무엇을 추구하느냐에 달려 있습니다. 『유마경』에 보면, 유마 거사는 나무 밑에서 좌선하는 사리불에게 '좌선이 무엇이냐'고 물었습니다. 몸을 앉는 자세로 만들고 마음을 돌아보는 것이 좌선이라고 생각하는 사리불에게 유마 거사는 '몸과 마음이 다 빈 모습인데, 어디에 좌선의 몸짓을 드러내느냐'고 물었던 것입니다.

선불교에서도 같은 질문을 던졌습니다. 그러나 그 지향은 여느 대승불교와 달리 견성성불見性成佛에 있었습니다. 석두 선사는 어느 날 제자 약산이 좌선을 하자 좌선의 의미를 물었습니다.

약산 스님이 어느 날 바위에 앉아 있자 석두 선사가 물었다.
"그곳에서 무엇을 하느냐?"
"아무것도 하지 않습니다."
"그렇다면 그저 앉아 있는 것이냐?"
"그저 앉아 있다고 하면 무엇을 하는 것이 됩니다."
"네가 아무것도 하지 않는다 하였는데, 무엇을 하지 않는다는 말이냐?"
"아무리 성인이라 해도 모를 것입니다."
선사는 게송을 지어 칭찬하였다.

일찍이 함께 지내면서도 이름을 알 수 없고,(從來共存不知名)
무심히 맡기며 이렇게 살아왔네.(任運相將只麽行)
예부터 높은 현인도 오히려 몰랐거늘(自古上賢猶不識)
그 나머지 무리들이 어찌 가히 밝히랴.(造次之流豈可明)

선불교의 종지에 따르면, 진정한 좌선은 자기의 성품을 보는 것(見性)입니다. 석두 선사가 제자 약산에게 '좌선을 하고 있느냐'고 묻자, 약산은 '함이 없이(無爲) 지내는 것이야말로 진정한 좌선'이라고 대답했습니다. 좌선이 곧 무위인 것은 자기의 성품을 보기 위해서는 모든 것을 내려놓아야 하기 때문입니다. '늘 함께 지내면서도 이름을 알 수 없고, 그에게 맡겨 이렇게 살아왔네'라고 한 석두 선사의 게송은 자기의 성품을 활짝 드러내는 말입니다. 참으로 선불교의 극명한 법문입니다.

몸과 마음이 지쳐 있는 세상을 살면 고요한 좌선을 구하지 않을 수 없습니다. 물론 사람을 지치게 하지 않는 세상에 산다면 굳이 참선을 할 필요가 없을지 모르지요. 그러나 좌선을 하더라도, 그 지향하는 곳이 무엇인가에 따라 참선의 내면은 서로 다른 모습을 띠게 됩니다. 그러므로 좌선을 하는 사람이나 참선을 가르치는 사람이나 먼저 좌선의 내면을 물어야 합니다.

앉을 때는 무심하고 편안하게 앉아야 합니다. 허공이나 성품, 또는 마음 등 이런저런 관념도 다 놓아야 합니다. 그저 배고프면 밥 먹고, 피곤하면 눕는다는 무심한 마음으로 앉습니다. 밥 먹고 물 마시는 것을 바로 아는 것이 진정한 견성입니다. 여기에 이르기 위해서는 자기의 사회적 위치나 존재에 대한 애착과 증오, 후회 등의 시비의식을 먼저 버려야 합니다. 이 과정은 결코 쉽다고 할 수 없습니다. 더구나 자기가 익힌 경전에 대한 지식이나 그동안 거쳐 온 수행의 이력마저 내려놓는 것은 더욱 어렵습니다. 그러나 이 과정을 거쳐야 진정한 무심입니다. 무심해야 어린아이와 같이 순수하게 자기의 본성을 볼 수 있는 기회가 열립니다.

수행에는 늘 수행자의 규범이나 완전한 수행의 모습 등 수행의 당위가 수행자를 재촉합니다. 말이 빨리 달릴수록 그림자가 빨리 따라오듯이, 수행할수록 이상과 현실의 괴리가 더 벌어집니다. 혜능 대사의 제자 신회 또한 같은 문제를 안고 있었습니다. 그는 진정한 수행은 분노를 여의어야 한다고 생각했습니다. 그러나 남이 나를 때려서 아프면 분노가 일어나니 아직 수행이 되었다고 할 수 없고, 반대로 때려도 아프지 않으면 도리어 목석과 같은 무정물이 되는 것이니 이 또한 모순입니다. 신회는 의심을 풀지 못해 혜능 선사를 찾았습니다.

(혜능 대사가 물었다.)
"네가 아프기도 하고 아프지 않기도 하다 했는데 어떤 것이냐?"
신회가 대답했다.
"만약 아프지 않다고 하면 곧 무정無情인 나무와 돌과 같고, 아프다 하면 곧 범부와 같아서 이내 원한을 일으킬 것입니다."
대사께서 말씀하셨다.
"신회야, 아프고 아프지 않음은 생멸生滅이다. 너는 자기의 본성을 보지도 못하면서 감히 와서 사람을 희롱하려 드느냐?"
신회가 예배하고 다시 더 말하지 않으니, 대사께서 말씀하셨다.
"네 마음이 미혹하여 보지 못하면 선지식에게 물어서 길을 찾아라. 마음을 깨쳐서 스스로 보게 되면, 법을 의지하여 수행하라(依法修行). 네가 스스로 미혹하여 자기 마음을 보지 못하면서 도리어 와서 내가 보고 보지 않음을 묻느냐?"

(『돈황본 육조단경』 신회편)

수행을 하다 보면 늘 수행이 지속되는 듯하다가 다시 끊어지는 혼란에 봉착합니다. 본다는 것은 경계를 보는 것이요, 보지 않는다는 것은 도리어 목석과 같습니다. 한걸음 나아가면 앞이 캄캄하고, 돌아서면 진창입니다. 자신의 내면을 깊이 살펴보면, 누구나 이와 같은 수행의 양극단에서 헤맬 때가 적지 않습니다. 그러나 이 모순을 진실하게 맞서야 수행자가 빠지기 쉬운 위선이나 기만에서 벗어날 수 있습니다. 혜능 대사는 선불교의 종장답게 자기의 성품을 스스로 직접 보아야 수행의 양극단에서 벗어날 수 있다고 대답했습니다. 대사는 바깥 경계를 내려놓고 무심하게 자신의 내면을 돌아보면 번뇌가 문득 사라지고 자신의 본성을 보게 된다고 했습니다. 참으로 진실한 말씀이 아닐 수 없습니다.

만약 자기의 마음이 삿되고 미혹하며 망념으로 전도되어 있어서, 밖으로 선지식이 가르쳐 주어도 스스로 깨달음을 얻지 못한다면, 이런 때는 마땅히 반야의 관조(般若觀照)를 일으켜라. 잠깐 사이에 망념이 다 없어질 것이다. 이것이 곧 자기의 진정한 선지식이다. 이렇게 한 번 깨치면 곧 부처를 안다. 자성의 마음자리를 지혜로써 관조하여 안팎이 분명해지면, 자기의 본

래 마음을 알게 된다. 본래 마음을 알게 되면, 이것이 곧 해탈
이다. 이미 해탈을 얻으면 이것이 곧 반야삼매이다.

(『돈황본 육조단경』 18. 돈오頓悟)

반야관조般若觀照란 바깥 경계에 휘둘려 일어나는 번뇌를 안으
로 돌이켜, 어리석은 생각에서 벗어나는 일입니다. 경계에서 벗어
나 무념이 되면, 관조觀照를 경험하게 됩니다. 옛 사람들은 이것을
한 생각이 밝아졌다고 말했습니다. 생각 생각 어둡지 않아 지혜로
써 관조하면 자기의 본성을 보게 됩니다. 자성에는 남과 나(彼我),
선과 악(善惡)의 자취가 없으니, 견성이 곧 해탈입니다. 육조 대사
는 반야관조야말로 자기의 진정한 선지식이라고 강조합니다. 무
심해야 반야의 관조를 경험하게 되니, 그러므로 무심은 참으로 수
행의 첫 걸음입니다.

밖에서 일할 때는 무심하게 있기 어렵습니다. 선방에 다녀도 무
심하고 한가한 기운을 얻기 어려운 때가 있습니다. 여럿이 모이면
집단적인 경쟁의식이나 수행한 햇수를 따지는 등의 자의식이 일
어나기 쉽습니다. 오래 참선한 수행자일수록 교만해지기 쉬운 것
은 이런 자의식의 노예가 되어 있기 때문입니다. 나와 남에 대한
비교의식이 마음에 가득하면 오히려 공부길이 멀어질 뿐입니다.
그럴 때는 집에서 앉는 것도 한 방법입니다. 아침 저녁 또는 한가
할 때 앉아서 무심히 자기 내면을 돌이켜 보면 공부가 나아갈 뿐
만 아니라, 무심한 기운이 퍼져 온 집안이 편안해집니다. 혜능 대

사는 무심 공부의 핵심을 이렇게 말했습니다.

"반야삼매를 깨닫는 것은 무념無念이라야 한다. 어떻게 하면 무념이 되는가? 무념이 되는 법(無念法)은 모든 사물을 보되 그 모든 것에 집착하지 않으며, 모든 곳에 두루 다니되 그 모든 곳에 집착하지 않는 것이다. 항상 자기의 성품을 깨끗이 하여, 여섯 도적들(六賊; 안식·이식·비식·설식·신식·의식)이 여섯 문(六門; 눈·귀·코·혀·몸·뜻)으로 달려가지만, 여섯 경계(六塵; 색·성·향·미·촉·법) 속에서 떠나지도 않고 물들지도 않아서 오고 감이 자유로운 것을 말한다. 이것이 곧 반야삼매이며, 자유를 얻는 해탈(自在解脫)이며, 무념의 행(無念行)이라고 말한다." (『돈황본 육조단경』 18. 돈오頓悟)

우열과 시비를 가리는 경쟁에서는 증오와 애착을 피하기 어렵습니다. 그러나 증오와 애착을 놓지 못하면 평생 바깥 경계에 휘둘려 살게 되니, 참으로 바다에 정처없이 떠다니는 눈 먼 거북이와 다름이 없습니다. 증오와 애착의 경계를 놓아야 무심無心입니다. 주위를 둘러보면, 겉으로는 무심하게 지낸다고 하지만 실상 경계를 외면하고 도피하는 수행자를 보게 됩니다. 현실을 외면해서는 안으로 공부된 것이 없어, 결국 실제 경계를 만나면 흔들립니다. 자기 안의 증오와 애착을 깊이 성찰해야 비로소 무심으로 나아갈 수 있습니다. 경계를 만나되 물들지 않아야 무심입니다.

사물을 대하되 무심하게 비추면 문득 자기의 본성을 보게 됩니다. 옷 입고 차 마시는 일이나, 나아가 삶과 죽음을 일으키는 자기의 성품은 청정하고 구족합니다. 그러므로 아무리 훌륭한 이념이나 수행법도 나와 남, 처음과 끝, 옳고 그름, 선과 악 등의 분별에 의지하는 한, 모두 망념입니다. 자성自性의 도리에서 본다면, 이모든 알음알이가 만든 체계는 애착, 탐욕, 미움, 교만, 위선 등을 일으킵니다. 시비와 선악을 가리고 종교적 위계질서(上下)가 분명한 교단이나 종단은 안과 밖을 분명하게 나누며, 내부 결속이 강합니다. 이런 교단은 정연한 논리나 반듯한 모습을 찾는 초심자에게는 환희심을 일으키기도 합니다. 그러나 이런 단체일수록 권위와 교만, 탐욕과 위선이 일어나는 것을 볼 수 있습니다. 다음은 남양혜충 국사의 게송입니다. 선사의 게송은 참으로 수행의 내면을 진실하게 보여주고 있습니다.

구름은 담담하게 떠 있고,
강물은 바다로 흘러간다.
만법은 본래 한가한데,
사람이 저 스스로 시끄럽구나.

혜능 대사의 은둔 17년

혜능 스님(638~713)은 중국뿐만 아니라 일본과 한국에서 선종禪
宗의 대종장으로 받드는 분입니다. 우리나라의 대표적인 불교종
단의 이름이 조계종인 것도 혜능 스님이 머물던 산 이름(조계산)
에서 따온 것입니다. 혜능 선사의 법문을 담은 『육조단경』은 조사
의 어록이지만, 이름을 보면 알 수 있듯이, 어엿한 하나의 경전으
로 대접받고 있습니다.

　『육조단경』은 덕이본이나 흥성사본 등 여러 전승이 있지만, 학
계에서는 돈황본(781~801년 성립)을 가장 고본으로 보고 있습니
다. 돈황본은 신회 선사의 계열에서 나온 것이라, 내용도 우리가
보통 접하는 덕이본과 다른 점이 많습니다. 예를 들어, 돈황본에
는 신회 스님(684~758)이 혜능의 법을 잇는 제자로 나타나지만,
덕이본에는 단지 알음알이로만 법을 이해하는 지해종사로 폄하
합니다. 덕이본은 북쪽의 신회를 누르고, 남쪽의 마조, 백장 계열
의 선맥을 높입니다.

　1920년대에 신회 스님의 어록이 돈황에서 발견됨에 따라 역사

적 진실이 밝혀지게 되었습니다. 혜능 선사는 생전에는 육조 대사로 인정받지 못했습니다. 신회 스님이 노력한 결과, 혜능 대사가 입적한 지 거의 80년이 지나서야 당나라 왕실에서 혜능을 6조로 그리고 제자 신회를 7조로 확정했습니다. 국가에서 공식적으로 신수 대신 혜능을 달마 제6조로 인정한 것입니다. 신회 스님이 없었으면 육조 혜능 대사는 오늘 우리의 역사에 존재하지 않았을 것입니다.

혜능 대사는 원래 당나라 때 남쪽 변방에서 홀어머니를 모시고 사는 가난한 나무꾼이었습니다. 청년 혜능은 어느 날 관청에 나무를 배달하다 우연히 관사 안에서 금강경을 읽는 소리를 들었습니다. 청년은 듣자마자 문득 마음의 눈이 열렸습니다. 경 읽는 사람에게 물어, 혜능은 마침내 기주 황매현 빙모산(풍무산)에서 주석하고 있는 홍인 대사를 찾아갑니다. 이때 혜능의 나이는 대략 23세입니다. 홍인 대사는 달마 제5조의 법맥을 잇고 있는 대선지식입니다. 『단경』에는 5조 홍인 대사와 청년 혜능의 대화를 싣고 있습니다.

홍인화상께서 혜능에게 물었다.
"너는 어느 곳 사람인데 이 산에까지 와서 나를 예배하며, 이제 나에게서 새삼스레 구하는 것이 무엇이냐?"
혜능이 대답했다.
"제자는 영남 사람으로 신주의 백성입니다. 지금 먼 곳에서 와서 스님을 예배하는 것은 다른 것을 구함이 아니옵고 오직 불법을 구해 부처가 되려는 것뿐입니다."

오조 대사께서는 혜능을 꾸짖으며 말했다.

"너는 영남 사람이라, 사냥이나 해서 먹고 사는 주제(獦獠)인데, 어떻게 부처가 될 수 있단 말이냐?"

혜능이 말했다.

"사람에게는 남북이 있으나 부처의 성품(불성)에는 남북이 없습니다. 저같이 사냥이나 해서 먹고 사는 사람의 몸과 스님의 몸은 서로 같지 않으니, 부처의 성품에 무슨 차별이 있겠습니까?"(『돈황본 육조단경』 2. 스승을 찾아감)

청년 혜능을 본 홍인은 그가 비록 남쪽 변방에서 온 보잘것없는 청년이지만, 이미 심안이 열린 것을 알았습니다. 주위의 눈을 의식한 홍인은 혜능을 방앗간에 보냅니다. 이렇게 해서 행자가 된 혜능은 여덟 달을 방아 찧는 일을 하게 됩니다.

혜능에 대한 또 다른 전승 『조계대사전曹溪大師傳』에 따르면, 청년 혜능은 홍인 대사를 찾기 전에 이미 한 재가거사에게서 『유마경』을, 그리고 한 비구니에게서 『법화경』을 배웠다고 합니다. 혜능이 홍인을 찾았을 때에는 이미 불성에 대한 기본적인 도리는 알고 있었다고 볼 수 있으니, 이렇게 보면 홍인 대사와의 문답이 보다 자연스럽습니다.

홍인 대사는 어떤 계기로 제자들을 시험해본 뒤, 남몰래 젊은 청년 혜능에게 인가를 주었습니다. 선종 제6조의 지위를 부촉한 것입니다. 이때 혜능은 아직 머리를 깎지 않은 속인 신분이었습니다. 한편 홍인에게는 또 한 사람의 제자 신수 스님이 있었습니다. 신수는 대중을 지도하는 교수의 지위이자 인격이 고매한 사람으로, 스승 홍인 다음으로 대중의 존경을 받는 사람입니다. 홍인 선사는 장차 신수를 따르는 대중들이 혜능을 해칠 것을 염려하여, 혜능을 야밤에 멀리 도망 보냅니다.

『돈황본 단경』에 보면, 홍인 대사와 이별하고 두 달이 지나 혜능이 대유령에 이르렀을 때, '수백 명'이 혜능을 붙잡으러 뒤따라왔다고 합니다. 실로 이 사람들은 다름 아닌 신수 대사 주위의 대중들입니다. 가장 걸음이 빨라 혜능을 붙잡은 혜명도 3품장군 출신의 스님입니다. 『단경』을 읽으며, 이 대목에 이르러서는 저절로 탄식이 일어납니다. 수행의 본분에서 보면 참으로 틀린 일이기 때문입니다. 스승이나 단체에 대한 맹목적인 추종이 선의의 수행자나 도반을 경쟁자로 몰아 배척하거나 모함하는 일은 지금도 계속되고 있습니다.

혜능은 속인의 신분으로 숨어 살다, 40세가 되어서야 혜능을 알아 본 광주 법성사 인종 스님이 머리를 깎아주어 마침내 법을 펴게 되었습니다. 돌이켜 보면, 23세에 인가를 받고 숨어 지내다 40세에 비로소 대중 앞에 나섰으니, 혜능 대사는 17년을 숨어 지낸 것입니다.(다양한 설이 있으나, 『신회어록』과 『역대법보기』를 따릅니다. 다른 판본의 『육조단경』에는 혜능은 20여 년 동안 산 속에서 사냥

꾼과 함께 지냈다고 합니다.) 혜능이 숨어 지내는 동안 홍인 대사가 입적했고, 신수 스님은 홍인의 뒤를 이어 선종 제6조가 되었습니다. 그는 수행이 깊고 인품이 높아 승속의 존경을 받았으며, 나중에는 측천무후의 초청으로 궁중에서 수년간 머물며 국사의 대우를 받았습니다.

필자가 젊어서 『육조단경』을 읽을 때는 일자무식의 청년 혜능이 오랜 세월 수행한 신수 선사를 게송 한마디로 제압하는 대목에서 통쾌함을 느끼기도 했습니다. 그러나 이제는 혜능의 일생을 생각하게 됩니다. 사람들(신수 스님의 대중들)의 눈을 피해 궁벽한 곳에서 거의 20여 년 가까이 숨어 지내는 동안 혜능은 무엇을 보고 무엇을 생각했을지 곰곰이 생각하게 됩니다. 저는 혜능이 만난 사람은 평범한 백성들이 아닐까 생각합니다. 백성들은 비록 경전을 배우지 못했고, 논리적인 지식은 갖추지 못했지만, 오랜 경험을 통해 자연의 이치(道)를 터득하고 있습니다. 다산 정약용 선생도 강진에서 18년간 유배생활을 하면서, 한 주막집 노파에게서 천지자연의 이치를 듣고 깨우침이 컸다고 말했습니다.

『장자莊子』 천지편에는 시골 변방의 경계를 지키는 파수꾼 이야기가 나옵니다. 요임금은 화華라는 지방에 갔다가 경계를 지키는 한 파수꾼을 만났습니다. 파수꾼은 성인으로 알려진 요임금에게 오래 살고 부자가 되고 아들을 많이 낳으라고 축수를 했습니다. 그러나 요임금은 군자답게 이 모든 것을 사양했습니다.

그러자 파수꾼이 말했다.

"오래 살고, 부자가 되고, 아들을 많이 낳는 것은 모든 사람들이 원하는 일입니다. 그러나 요임금 홀로 그것을 원하지 않으시니 어찌 된 일입니까?"

요임금이 말했다.

"아들이 많으면 근심이 많아지고, 부자가 되면 일이 많아지고, 오래 살면 욕된 일이 많아집니다. 이 세 가지는 덕을 기르는 데 방해가 되는 것이어서 사양하는 것입니다."

파수꾼이 말했다.

"처음에 나는 당신을 성인이라고 생각했었습니다. 그러나 지금 보니 군자 정도에 지나지 않는군요. 하늘은 사람을 낳으면, 모두에게 합당한 직분을 줍니다. 아들이 많다 해도 그들에게 직분이 주어지는데 무슨 근심이 있겠습니까? 부자가 된다 해도 사람들에게 나누어준다면 무슨 근심이 되겠습니까? 성인이란 메추리처럼 일정한 거처도 없고, 병아리처럼 적게 먹으면서도 새처럼 날아다니며 행적도 남기지 않습니다. 천하에 올바른 도가 행해지면 만물과 더불어 번창하지만, 천하에 도가 행해지지 않으면 덕이나 닦으면서 한가히 지냅니다. 이렇게 살면, 몸에는 늘 재앙이 없습니다. 그런데 무슨 욕된 일이 있겠습니까?"(『장자』 외편 천지天地편)

파수꾼은 자연의 질서(道)를 모르고 인간의 욕망을 근심하는 요임금을 비웃고 있습니다. 파수꾼은 비록 이름 없는 백성이지만, 자연의 질서를 터득한 현자입니다. 자연의 도를 터득한 사람은 득과 실을 근심하지 않습니다. 얻고 잃는 것에 자연의 이치를 보기 때문입니다.(同於德 同於失.『도덕경』23장) 저는 청년 혜능이 속인으로서 17년을 숨어 살면서 궁벽한 시골 백성들을 만나 그 속에서 자연의 도를 접하며 깨달음이 더 깊어진 것이라고 감히 추측합니다.

도가사상의 뿌리는 자연입니다.『노자 도덕경』내용의 반 이상이 귀에 익숙한 속담이나 격언으로 이루어져 있는 것을 보아도, 백성들이 살면서 자연에서 얻은 지혜가 곧 도가사상의 뿌리인 것을 알 수 있습니다. 자연의 도에서 질서를 본 사람은 인위적인 도덕이나 예법을 거부하고 소박하게 살아갑니다.(『도덕경』19장) 노자는 이것을 견소포박(見素抱樸; 본바탕을 보고, 손대지 않은 통나무 그대로 산다)이라고 했습니다. 혜능 대사가 주장하는 성품은 자연의 도와 통하는 점이 많습니다. 혜능 대사는 우리의 성품에는 이치에 어긋남이나 혼란, 어리석음 등이 없다고 했습니다.

"마음자리에 그릇됨이 없는 것(心地無非)이 자성의 계(自性戒)요, 마음자리에 혼란이 없는 것(心地無亂)이 자성의 정(自性定)이요, 마음자리에 어리석음이 없는 것(心地無癡)이 자성의 혜(自性慧)이다. (중략)
자기의 성품은 그릇됨도 없고, 혼란도 없으며, 어리석음도 없

78

다. 생각마다 지혜로 관조觀照하여 항상 법상(法相; 닦는다는 상)을 떠났는데, 무엇을 세우겠는가. 자기의 성품을 단박에 다 닦으라(自性頓修)." (『돈황본 육조단경』 24. 돈수頓修)

자기의 성품에 계정혜 등 만법이 다 갖추어져 있는 것을 본 사람은 다시 닦을 것이 없습니다. 닦는다는 생각을 일으키면 망념입니다. 그러므로 오랫동안 탐욕과 성내는 마음을 닦아서 깨달음을 얻는 것이 아니라, 자기의 성품을 보아(見性), 단박에 닦는 것을 마칩니다(頓修). 이러한 혜능 대사의 가르침은 노자가 말한 "도를 간직한 사람은 인위적으로 채우려고 하지 않는다.(保此道者 不欲盈. 『도덕경』 15장)"는 말과 서로 통합니다.

수행이나 도덕으로 자신을 채우려는 사람은 무엇보다 채우려는 자신의 의도를 진지하게 돌아보아야 합니다. 진정한 수행이나 학문은 여기서 출발합니다. 혜능은 앉는 모양에 집착하는 수행자의 위선을 적나라하게 비판합니다. 오래 앉아 있는 것은 오히려 몸의 기운을 막히게 할 뿐이라고 했습니다.

"마음속에 아첨하고 삐뚤어진 생각을 가지고 있으면서 입으로만 법의 곧음을 말하지 말라. (중략) 미혹한 사람은 법의 모양에 집착하고 일행삼매에 집착하여, 앉아서 움직이지 않는 것을 '곧은 마음(直心)'이라고 하며, 망심을 제거하여 마음이 일어나지 않는 것을 '일행삼매'라고 한다. 만약 이와 같다면, 이 법은 생명이 없는 것(무정물)과 같은 것이므로 도리어 도를 막는 원인이 된다. 도는 모름지기 통하여 흘러야 한다(道須通流). 어찌 도리어 정체할 것인가? 마음이 머물러 있지 않으면 곧 통하여 흐르는 것이요, 머물러 있으면 곧 묶여 있는 것이다."

(『돈황본 육조단경』 7. 정혜定慧)

"도는 모름지기 통해야 한다.(道須通流)"는 대사의 말은 자연의 도를 깊이 터득하지 않고는 나올 수 없는 말입니다. 또한 입으로는 법을 바르게 말하면서도 속은 '아첨하고 삐뚤어진' 수행자의 위선은 오랜 세월 속인으로 숨어 살아야 했던 혜능이 몸소 겪은 일이 아닐까요? 따라서 수행에는 참회가 중요합니다. 대사는 입으로만 하는 위선적인 참회는 수행에 아무 이익이 없음을 강조합니다.

"선지식들이여, 무엇을 참회懺悔라 하는가? 참懺이라는 것은 종신토록 죄를 짓지 않는 것이며, 회悔라는 것은 지난날의 잘못을 아는 것이다. 악업이 늘 마음을 떠나 있지 않으면서도 부처님 앞에서 입으로만 참회한다고 말해봐야 아무 이익이 없다."(『돈황본 육조단경』 12. 참회)

대사는 수행은 절에서만 하는 것이 아니라 세속에서도 할 수 있다고 했습니다. 자성을 보아 수행을 단박에 마치는 것은 장소와는 관계가 없습니다. 집에서 수행을 하는 가장 큰 요점도 자기의 허물을 드러내는 참회에 있습니다. 참회는 무념에 이르는 길이니, 진정한 참회는 도와 하나가 되는 길입니다.

> 만약 세간에서 도를 닦더라도, 하나도 걸릴 것이 없다.
> 늘 자기의 허물을 드러내면, 도와 바로 계합할 것이다.
>
> (『육조단경』 22. 수행, 무상송無相頌 중에서)

문자를 배운 적이 없는 혜능 대사는 중국전통의 도가사상을 흡수하여 진정한 중국불교의 시대를 열었습니다. 17년의 은둔의 고통 속에서도 백성들이 쉽게 다가갈 수 있는 불교를 일구어낸 혜능 대사에게 참으로 경외감을 느끼지 않을 수 없습니다.

혜능 대사의 가르침을 생각하면, 오늘 우리 사회, 특히 종교에서도 점차 잃어가고 있는 인간의 본성에 대해 진지한 사색을 하게 됩니다. 깨달음이나 수행법에 대한 당위當爲는 많아도, 존재의 본성에 대한 말은 참 듣기 어려운 시대입니다. 특히 수행법은 종파에 따라 다양한 이해가 상충되어 갈등으로 끝을 맺기 쉽습니다. 그러나 혜능 대사의 가르침에 따라 자기의 본성을 보면 더 이상 닦을 것이 없습니다. 오직 '너다, 나다. 네 편, 내 편' 등의 망념을 내려놓는 소박한 행이 따를 뿐입니다. 혜능 대사의 가르침은 소리만 요란한 설교나 설법이 성행하는 이 시대에 우리의 수행과 삶을 돌아보게 합니다.

혜충 국사의 흰구름

남양혜충(?~775) 국사는 당나라 때의 스님입니다. 스님은 출가하여 육조 혜능 선사의 가르침을 받았습니다. 스승 혜능이 입적한 후 40여 년 동안 여러 산을 소요하며 산문 밖을 나오지 않고 오로지 수행에만 전념하였습니다. 그러다 당唐 상원 2년(761) 숙종황제의 칙명을 받고 서울에 와서 스승의 예우를 받았습니다. 처음에는 천복사千福寺에 머물렀으나 나중에 대종황제가 즉위하자 다시 광택사로 옮겨서 수행과 교화에 힘썼습니다. 두 황제 모두 스님으로부터 보살계를 받아 속가 제자가 되었고, 스님에게 대증국사大證國師라는 시호를 내렸습니다.

남양혜충 국사는 연이어 3대의 황제로 부터 귀의를 받았지만, 항상 무심하고 담박한 본성을 지켰습니다. 한 스님과 나눈 대화를 보면 혜충 국사의 안목을 엿볼 수 있습니다.

혜충 국사에게 영각靈覺이라는 스님이 물었다.

"발심하여 출가하는 것은 본래 부처가 되기 위한 것입니다. 어떻게 마음을 써야 성불할 수가 있겠습니까?"

"마음 쓸 것 없는 것(無心)이 곧 성불이다."

"마음 쓸 것이 없으면 누가 성불합니까?"

"마음 쓸 것이 없으면 저절로 성불이니 부처도 또한 무심이다."

"부처님에게는 위대하고 불가사의한 힘이 있어서 능히 중생을
제도합니다. 만약 무심하다면 누가 중생을 제도하겠습니까?"

"무심이 참으로 중생을 제도하는 것이다. 만약 제도할 중생이
있다고 보면 곧 이것은 유심이니 말할 것도 없이 나고 죽는 경
계이다."(『직지심경』84 남양혜충국사 8 무심無心)

무심이 참으로 중생을 제도하는 것이라는 국사의 말은 그 뜻이
매우 심오합니다. 좌니 우니 따지며 갈등에서 벗어나지 못하는 오
늘 우리의 현실에서 보면 먼 일처럼 보이지만, 이 길만이 참으로
세상이 성숙해지는 길입니다. 다음은 원오극근(『벽암록』의 저자)
선사가 들려주는 혜충 국사의 시입니다.

흰구름은 담담하게 떠 있고(白雲淡泞)

물은 넓은 바다로 흐른다.(水注滄溟).

만법은 본래 한가한데(萬法本閑)

사람이 저 스스로 시끄럽구나.(而人自鬧)

(『원오심요』, '심도자에게 주는 글'에서)

자기의 성품을 본 사람은 수행의 짐을 내려놓게 됩니다. 혜능 대사는 이를 두고 '자성돈수(自性頓修; 자성을 본 사람은 단박에 수행을 마친다)'라고 말했습니다. 혜능 대사는 우리의 성품에는 그릇됨이나 혼란과 어리석음 등이 없다고 했습니다.

> "마음자리에 그릇됨이 없는 것(心地無非)이 자성의 계(自性戒)요, 마음자리에 혼란이 없는 것(心地無亂)이 자성의 정(自性定)이요, 마음자리에 어리석음이 없는 것(心地無癡)이 자성의 혜(自性慧)이다. (중략)
> 자기의 성품은 그릇됨도 없고, 혼란도 없으며, 어리석음도 없다. 생각마다 지혜로 관조觀照하여 항상 법상(法相; 닦는다는 상)을 떠났는데, 무엇을 세우겠는가. 자기의 성품을 단박에 다 닦으라(自性頓修)." (『돈황본 육조단경』 24. 돈수頓修)

자기의 성품에 계정혜 등이 다 갖추어져 있는 것을 본 사람은 다시 닦을 것이 없습니다. 닦는다는 생각을 일으키면 오히려 망념일 뿐입니다. 그러므로 오랫동안 탐욕과 성내는 마음을 닦아서 깨달음을 얻는 것이 아니라, 자기의 성품을 보아, 단박에 닦는 것을 마치는 것입니다. 당나라의 대시인 왕유가 신회 스님에게 '수행을 하면 해탈할 수 있느냐'고 묻자, 신회는 스승 혜능의 가르침대로 이렇게 대답했습니다.

"중생은 본래 자신의 마음이 깨끗한데, 다시 마음을 일으켜 닦음이 있으면, 이것이 곧 망심妄心이므로, 해탈을 얻을 수 없습니다."
왕유가 놀라며 말했다.
"지금까지 여러 큰스님의 법문을 들었는데, 모두 이와 같이 말한 사람은 없었습니다."(『하택신회선사어록』)

혜충 국사의 시에는 혜능 대사의 가르침이 그대로 살아 있습니다. 무심하게 자기를 바라보면, 배고프면 밥을 먹고, 목마르면 물 마시는 일이 곧 흰구름이 담담하게 떠다니고 물이 바다로 한가하게 흐르는 것임을 알게 됩니다. 자성自性은 소박하지만 그 속은 심오합니다. 분별이 없지만 주객主客을 모두 포용하고, 일상을 보이되 생사에 매이지 않습니다. 마음을 써서 인위적으로 성취한 수행이나 기도는 처음에는 비록 사람의 이목을 끌지만, 그 폭이 좁고 한계가 머지않아 드러납니다.

혜충 국사의 시를 읊으면 저절로 천진하고 한가함이 전해집니다. 무심은 단순히 한가한 마음이 아니니, 자기의 성품을 볼 때 얻어집니다. 성품을 본 사람은 눈과 귀에 의지하지 않습니다. 그러므로 자성을 본 사람은 헐떡이며 법문을 설하거나 경전의 논리에 집착하지 않습니다. '만법은 본래 한가한데, 사람이 저 스스로 시끄럽다'는 혜충 국사의 시는 학문과 수행이 우열을 가리는 수단이 되고 남을 공격하는 무기가 되는 오늘, 참으로 천둥같은 법문입니다.

자성돈수

용담 스님이 천황도오 선사의 한마디를 듣고 깨달음을 얻은 이야기는 이미 앞에서 말씀드린 바 있습니다.(「돌려받은 호떡 한 개」 참조) 실로 천황 선사의 법문은 새길수록 그 뜻이 깊고 그윽합니다. 용담 스님이 '앞으로 어떻게 깨달음을 지켜나가야 하는지' 묻자 천황 선사는 이렇게 말했습니다.

"성품에 맡겨 한가하게 다니며, 인연 따라 무심하게 지내라. 굳이 선禪에 안주하거나 정定을 익힐 필요가 없다. 성품은 본래 거리낌이 없으니, 귀를 막거나 눈을 감을 필요도 없다. 신령한 광채가 환하게 빛나지만, 어리석은 듯 어눌한 듯 행하여 세상을 놀라게 하지 말라. 오직 범부의 마음을 그칠지언정, 별달리 성스러운 견해란 없다. 그대가 능히 그럴 수 있다면, 무슨 근심이 있으리오."(『조당집』 5권)

용담은 스승 도오로부터 선의 심요心要를 얻고 나서는, 매사에 의심이 사라졌습니다. 『조당집』에 따르면, 용담 스님은 마치 객지에 떠돌던 나그네가 집으로 돌아와 다시는 집을 나설 생각을 하지 않는 것과도 같고, 가난한 이가 보배 창고를 차지하여 부족하거나 더 이상 구하는 바가 없게 된 것과 같다고 했습니다.

"성품에 맡겨 한가하게 다니며, 인연 따라 무심하게 지내라(任性逍遙 隨緣放曠)"고 설한 천황 선사의 법문은 선불교의 정수를 보여줍니다. 우리나라의 한 저명한 철학자는 선불교를 가리켜, 인도의 불교와 중국의 도가사상이 만나 이루어낸 인류 최고의 깨달음이라고 말했습니다. 선종禪宗은 마음을 비우고 자기의 성품을 보는 것이 곧 진정한 성불(見性成佛)이라고 가르칩니다.

시비선악의 망념을 떠나면 문득 자기의 본성을 봅니다. 이 성품은 사람마다 모두 갖추어져 있어 세수하고 밥 먹는 가운데 매일 쓰고 있습니다. 자기의 본성에는 모든 것이 다 갖추어져 있습니다. 그러므로 자기의 본성을 보면 문득 닦을 바가 없음을 알게 됩니다. 육조혜능 대사는 이것을 일러 '자기의 성품을 단박에 닦는다(自性頓修)'라고 했습니다. '도는 모름지기 통하고 흘러야 한다(道須通流)'고 한 혜능 대사의 말은 자성돈수의 핵심을 드러내는 말입니다.

중국 당나라 때의 시인이자 불자인 왕유王維는 『유마경』을 읽고 감동을 받아, 유마 거사(유마힐)의 이름을 따 스스로 호를 마힐이라고 했습니다. 왕유는 마조와 신회에게서 직접 가르침을 받았습니다. 왕유가 신회를 만나 물었습니다.

"도를 닦으면 해탈을 얻을 수 있습니까?"

신회는 대답했다.

"중생은 본래 자신의 마음이 깨끗한데, 다시 마음을 일으켜 닦음이 있으면, 이것이 곧 망심妄心이라 해탈을 얻을 수 없습니다."

왕유가 놀라며 말했다.

"지금까지 여러 큰스님의 법문을 들었는데, 이와 같이 말하는 사람은 없었습니다."(『하택신회선사어록』)

신회는 혜능 대사에게서 직접 배운 제자입니다. 오늘 날 혜능 대사가 선종의 육조六祖로 알려진 것은 오직 신회 스님이 노력한 결과입니다. 육조단경 가운데 가장 고본인 『돈황본 단경』에는 오늘 우리가 흔히 접하는 『덕이본 단경』처럼 신회 스님을 폄하하는 대목이 없습니다. 왕유와 신회의 문답을 보면, 신회 선사는 스승 혜능의 자성돈수自性頓修의 사상을 그대로 이어받고 있습니다. 왕유는 신회의 간청으로 「육조혜능선사비명」을 썼는데, 이 비명은 육조 혜능 대사의 전기로는 가장 오래된 기록입니다.

어떻게 깨달음을 지켜가야 하는지 묻는 용담 스님의 물음에 천황 선사는 본성에 맡겨 한가하게 다니라고(任性逍遙) 했습니다. '본성에 맡긴다(任性)'는 말은 참으로 지극하고 심오한 법문입니다. 우리의 본성에는 계·정·혜가 모두 갖추어져 있습니다. 혜능 대사는 마음이 그릇됨(非)이 없는 것은 곧 자성에 계戒가 있기 때문이요, 마음에 혼란이 없는 것은 자성에 정定이 갖추어져 있기 때문이요, 마음이 어리석지 않는 것은 자성에 혜慧가 갖추어져 있기 때문이라고 했습니다. 그러므로 본래의 성품을 본 사람은 자기를 내려놓고 인연 따라 무심하게 지냅니다. 굳이 선정에 머물거나 익힐 필요가 없습니다.

천황 선사 또한 혜능 대사의 자성돈수의 정신을 그대로 이어받고 있습니다. 선정을 닦는 마음속에 얻고자 하는 마음이 일어나면 범부의 마음입니다. '너다, 나다' 하는 범부의 마음만 그치면, 다시 닦아 얻어야 할 깨달음이 없습니다. 그러므로 진정한 해탈은 무념無念에서 옵니다. 천황 선사의 법문은 우리를 소박하고 유유자적한 삶으로 이끌어줍니다.

오늘 우리의 수행현실에는 다양한 수행법이 혼재하고 있습니다. 간화선, 염불, 주력, 간경, 절수행, 그리고 위빠싸나 등 다양합니다. 이들 수행법이 오늘까지 내려온 것은 나름대로 역사적, 현실적인 당위가 있다고 할 수 있습니다. 그러나 수행법 사이의 논쟁 또한 끊이지 않고 있습니다. 수행법 사이에 시비 우열을 가리며 논쟁하는 모습을 보면, 몇 십 년 수행을 했다는 사람도 세속의 범부와 조금도 다름이 없습니다. 심지어 수행이 무엇을 위해 있는지 의심이 들 정도입니다. 수행할수록 교만과 아집이 일어나는 현실의 모순을 진지하게 돌아볼 때, 비로소 청정한 본성에 맡겨 소요하는 혜능 대사의 가르침이 다가옵니다. 혜능 대사의 자성돈수의 가르침을 오늘 이 시대에도 다시 새겨야 하는 까닭이 여기에 있습니다.

선사들의 가르침

"가는 곳마다 사람들이 고개를 끄덕이면,
무슨 일을 할 수 있겠는가?"

달마 대사의 벽관

선종禪宗은 달마 대사가 종조입니다. 선종의 역사에 따르면, 달마 대사는 A.D. 520년경 중국에 들어왔습니다. 소문을 들은 양무제는 달마를 만났습니다. 양무제는 생전에 많은 탑을 짓고 손수 불경을 강의한 왕이었습니다. 그래서 당시 사람들은 그를 '불심천자佛心天子'라고 불렀습니다. (역사적으로 따지면, 두 사람은 서로 다른 시대를 살았으므로 만날 수 없습니다. 그러므로 이 이야기는 그냥 수행을 위해 전해지는 말입니다.)

"짐이 그 동안 절과 탑을 수없이 지었는데, 그 불사의 공덕이 얼마나 되겠소?"
"조금도 없습니다."
"이렇게 말하는 당신은 도대체 누구요?"
"모릅니다."

양무제는 달마 대사의 말을 받아들일 수 없었습니다. 경전에서 부처님은 사람들에게 먹을 것을 나누어주고, 절을 짓는 등 착한 일을 많이 하면 큰 공덕을 얻는다고 설법한 것을 익히 알고 있었기 때문입니다. 달마 대사는 아직 법을 펼 때가 아니라고 생각해, 숭산 소림사에 몸을 감추었습니다. 소림사에 머문 달마는 면벽한 채 하루 종일 말이 없었습니다. 사람들은 그를 헤아릴 수 없어서 '벽관壁觀바라문'이라고 불렀습니다. 다음은『선문염송』에 나오는 '면벽面壁'공안입니다.

"달마가 소림사에서 9년 동안 벽을 향해 앉아서 말이 없었다. 사람들은 그를 가리켜 벽관바라문이라 불렀다."

달마는 소림사에서 9년간 면벽 좌선하였고, 나중에 제자 혜가에게 법을 전했습니다. 달마를 내세우는 초기 선종의 선사들은 일체의 방편을 쓰지 않고 일 없이 앉아 있었습니다. 달마 대사는 미워하는 사람들에 의해 여섯 번 독약을 받았으나 일곱 번째는 인연이 다 하였음을 알고 독약을 마시고 죽었습니다. 선종 2조 혜가 대사는 그를 시기한 한 스님의 무고로 늦은 나이에 사형을 당했습니다. 일 없는 도리를 이해하지 못한 한 승려가 불온하다고 관가에 고발한 것입니다. 선종의 가르침이 당시 기존 불교계가 적대시했을 정도로 혁명적이었음을 말해주고 있습니다.

벽관壁觀은 '벽을 바라본다'는 뜻의 관벽觀壁이 아닙니다. 그러므로 벽관은 '벽과 같이 무심하게 바라본다'는 뜻입니다. 벽壁은 시비판단과 우열승부 등 일체의 분별의식을 막아 통하지 않는 마음을 뜻합니다. 명리名利를 추구하고 승부를 가리는 경쟁사회에서 사람은 자기도 모르게 시비와 이해를 따지며 우열과 승부를 가리는 마음을 갖게 됩니다. 시비이해를 잘 따지면 똑똑한 사람으로 대접받고, 승부에서 이기면 부와 명예를 얻는 길이 열립니다. 그러나 시비에는 늘 주관적인 판단이 일어나 억울한 사람이 나오기 일쑤이며, 이기고 지는 싸움에는 언제나 공정하지 못한 일이 생깁니다. 사회에 공정한 룰이 없으면 소수는 기뻐할지 모르지만 힘없는 다수는 슬픔과 좌절의 눈물을 흘립니다. 결국 이기는 사람이나 지는 사람 누구도 세상을 신뢰하지 않습니다.

시비이해를 따지고 우열을 가리는 일이 인간의 본성에 맞다면 어찌 살아갈수록 불신과 두려움이 일어나겠습니까? 달마 대사의 면벽에 대해 황벽 선사는 이렇게 말했습니다. 황벽은 임제의 스승입니다.

"달마 대사가 벽을 바라보고 앉은 것은 사람들이 이런저런 견해를 갖지 못하게 하기 위한 것이다. 그래서 옛 사람은 말하기를 '잊는 것(忘)은 불도佛道이지만, 분별하는 것(分別)은 마구니의 경계다.'라고 한 것이다." (『완릉록』)

'잊는다(忘)'는 것은 곧 시비이해를 따지고 우열을 가리는 의식을 내려놓는 것입니다. 부를 얻고 명예를 누리는 일이나 그 반대로 좌절로 고통을 받는 일은, 그 본질은 결국 세상이 만든 우리에 갇히는 것에 다름 아닙니다. 시비이해나 우열을 따지지 않는 사람을 만나면, 우리는 그에게서 깊은 평안을 느낍니다. 벽관은 그러므로 세상을 살아가는 세속적 태도와는 다르지만, 소박하고 조화로운 세상을 만드는 길입니다.

벽관은 바깥의 모든 인연을 쉬는 수행입니다. 누구의 제자라든가, 어디 선방에서 몇 년을 닦았다는 생각을 내려놓아야 합니다. 수행자 가운데는 오히려 세상 사람보다 더 명예를 따지는 것을 자주 보게 됩니다. 시비이해와 우열을 가리는 마음이 앞서면, 경전을 배우고 조사어록을 익히는 일이 갈등의 진창 속으로 들어가는 길이 되고 맙니다. 우열과 승부의식이 일어나는 순간 그에게는 자기를 보는 일(見性)이 끊어집니다. 법담을 할수록 마음이 들뜨는 모순이 일어나고, 수행을 할수록 에고가 강해지는 위선이 일어나는 것입니다.

벽관을 통해 밖으로의 인연을 쉰 마음은 예지(智光)를 회복하여 문득 자기의 내면을 만나게 됩니다. 벽관은 그러므로 곧 자기의 본성을 보는 수행입니다. 벽관이 깊어지면 숨 쉬고 밥 먹는 일이 다시 보이게 됩니다. 숨을 내쉬고 들이쉬는 일이나, 목마르면 물 마시는 일은 가두거나 잡을 수 없습니다. 삶과 죽음도 되돌아보면 잡을 수도 없고 자취를 남길 수도 없습니다. 놓으면 분명하지만, 잡으려고 하면 문득 사라집니다. 그 속에는 나도 없고 남도 없으며, 산은 푸르고 물은 소리 내며 흐릅니다. 이 모든 깨달음은 분별을 내려놓는 벽관에서 일어납니다.

『선문염송』제3권 면벽 공안에는 운문, 죽암, 개암 등 세 선사의 게송이 실려 있습니다. 하나 같이 수행자의 어둠을 일깨우고 자기를 보게 하는 법문입니다. 먼저 운문 선사는 달마 대사가 면벽하는 모습에 집착하는 학인들을 위해 게송을 남겼습니다.

황금자라를 잡으면 바다가 다 말라버리는데
공연히 작은 배를 일없이 띄웠네.
오늘 해 있을 때도 안개 짙은 파도에 잡지 못했는데
굳이 새로 달이 떴을 때 다시 낚시를 드리워 무엇하랴.
雲門杲頌: 金鼇一掣滄溟竭　徒自悠悠泛小舟

　　　　　今日煙波無可釣　不須新月更爲鉤.

죽암 선사 또한 운문 선사와 같이 면벽의 핵심을 찔렀습니다.

소실산 앞에 바람이 귀를 스치니
9년 면벽이 강물처럼 흘렀네.
파도에 익숙한 이가 아니면
큰 물결 속으로 들어가지 말아야 하리.
竹庵珪頌: 少室山前風過耳　九年人事隨流水

　　　　　若還不是弄潮人　切須莫入洪波裏

개암 선사의 게송은 달마 대사를 자리에서 박차고 일어나게 하였습니다.

긴 장대로 여섯 마리 자라를 다 낚고는
등에 지고 삼산(중국 강소성의 명산)에 들어간다.
자손들은 제각기 다 복이 있으니
자손들을 위해 소 말 노릇 하지 마오.
　介庵朋頌: 長竿釣盡六鼇頭　背負三山歸去休
　　　　　　兒孫自有兒孫福　莫與兒孫作馬牛

자기의 본성을 보면, 세상의 시비이해와 승부의 본질은 곧 인위적으로 성과를 얻으려는 마음에서 나온 것임을 알게 됩니다. 앉아 있는 것에 집착하는 것은 벽관이 아닙니다. 벽관은 본성에 맡겨 흔연하고 소박하게 사는 길입니다.

지공 대사의 제신除身

「대승찬大乘讚」을 지은 양나라 보지공(梁寶誌公, 418~514) 스님은 지공誌公, 보공寶公, 보지공寶誌公, 보지寶誌라고도 불렸는데, 그중에 지공화상이라는 호칭이 가장 많이 알려져 있습니다. 『벽암록』 제1칙 달마불식(達磨不識; 달마는 '알지 못한다'고 말했다)에도 지공 스님이 등장하며, 『임제록』에 "옛 사람이 말하기를, 만약 업을 지어 부처를 구한다면, 부처야말로 생사의 바다에 떨어지게 하는 재앙의 큰 조짐이다(古人云 若欲作業求佛 佛是生死大兆)"라는 말도 지공 대사의 「대승찬」 제1수에 나오는 말을 인용한 것입니다.

스님은 중국 남북조시대 사람으로, 시와 문장에 뛰어났고, 신통력이 있어서 백성들에게 널리 알려졌습니다. 대사가 입적하자 백성들은 집집마다 대사의 영정을 서로 전하며 간직했다고 합니다. 지공 대사가 남긴 글들은 『문자석훈』 30권, 십사과송 14수, 십이시송 12수, 대승찬송 10수가 있습니다. 이 중 대승찬은 신심명, 증도가와 함께 선불교의 삼대선시三大禪詩로 꼽힙니다. 지공 스님의 행장은 『경덕전등록』 27권에 다음과 같이 기록되어 있습니다.

선사는 금릉 사람이요, 성은 주씨이다. 도림사에서 선정을 익히다가 송나라 태시 초엽에 홀연히 나타났다. 일정한 장소가 없이 살고, 음식을 일정한 때 없이 먹고, 머리는 몇 치나 자랐으며, 맨발로 주장자를 집고, 주장자 끝에는 가위와 구리거울을 달고 다녔다. 혹은 한두 자 되는 비단을 달기도 했다. 며칠씩 먹지 않아도 주린 빛이 없었으며, 때로는 노래를 부르는데 가사가 참언(앞날을 예언하는 말)같기도 하였다.

제나라 건원 때, 무제가 대중을 홀리는 중이라 하여 건강의 옥에다 가두었다. 이튿날 아침이 되어 사람들이 거리에서 보았다기에 감옥을 검사하니 여전히 옥 안에 있었다. 건강의 군수가 사실을 아뢰니, 황제가 궁중의 후당으로 맞아들였다. 이때에 대사는 화엄원에 있었다.

하루는 모자 셋을 겹쳐서 썼는데, 어디서 얻었는지도 몰랐다. 조금 있다가 예장왕과 문혜태자가 잇따라 죽자, 무제는 이 일로 역시 세상을 떠나 제나라는 이것으로 망했다. 이 까닭에 대사는 출입이 금지되었다.

양나라 고조가 즉위하자 곧 조서를 내렸다.

"지공의 자취는 티끌세상에 묶여 있으나. 신통한 거동은 헤아릴 수가 없다. 물과 불이 적시거나 태우지 못하고, 뱀과 범도 침노하지 못한다. 그를 부처의 진리로 말하자면 성문의 위요, 숨고 조신하는 것으로 말하자면 세상에 숨어 있는 높은 신선이다. 어찌 세속 선비의 예사 감정으로 헛되이 구속할 수 있으랴!

어찌하여 속되고 천하기가 하나같이 여기까지 이르게 되었을
까. 지금부터 다시는 가두지 말라."

다음은 대사가 남긴 대승찬 10수 가운데 제4수 전문입니다. (번
호는 대승찬 전체 게송 번호임)

32.
여러분들에게 곧바로 이르는 길을 말하리니,
유有가 아니니, 그러므로 곧 무無도 아니다.
報爾衆生直道　非有卽是非無

33.
유 아님(非有)과 무 아님(非無)이 둘이 아니니,
무엇 때문에 유有를 상대하여 헛되다고 따지랴.
非有非無不二　何須對有論虛

34.
유有와 무無는 망심이 세운 이름이라,
하나를 부수면 남은 한 개는 있을 곳이 없다.
有無妄心立號　一破一箇不居

35.

유와 무, 두 이름은 그대의 알음알이(情識)가 만든 것이니,

정식이 없으면 본래 진여이다.

兩名由爾情作　無情卽本眞如

36.

만약 알음알이를 그대로 두고 부처를 찾으려고 하면,

산에다 그물을 쳐서 고기를 잡는 것과 같으리.

若欲存情覓佛　將網山上羅魚

37.

공부를 헛되게 하면 이익이 없으니,

헛된 공부가 얼마나 많은가?

徒費功夫無益　幾許枉用工夫

38.

마음이 곧 부처임을 깨닫지 못해서이니,

참으로 나귀를 타고 나귀를 찾는 것과 같다.

不解卽心卽佛　眞似騎驢覓驢

39.

모든 경계에 미워하거나 애착하지 않으면,

이들 번뇌가 반드시 없어지리라.

一切不憎不愛　這箇煩惱須除

40.

번뇌를 없애는 데는 반드시 몸을 없애야 하리니,

몸을 없애면 부처도 없고 부처를 찾을 원인도 없다.

除之則須除身　除身無佛無因

41.

부처도 원인도 모두 얻지 못하면,

저절로 법도 없고 사람도 없어지리라.

無佛無因可得　自然無法無人

「대승찬」은 지공 대사 자신의 깨달음을 생생하게 옮겨놓은 듯
합니다. 35번의 "유와 무, 두 이름은 그대의 알음알이(情識)가 만
든 것이니, 정식이 없으면 본래 진여이다."라는 구절은 오직 알음
알이를 경계하는 법문입니다. 38번 구절은 알음알이를 버리고 지
금 이 마음이 곧 부처(卽心卽佛)인 도리를 깨닫는 것이 참된 공부
임을 강조하고 있습니다. 신라 부설 거사의 게송은 이 도리를 극
진히 나타내고 있습니다.

눈은 보는 바가 없으니 분별이 없고,

귀는 소리를 들음이 없으니 시비가 끊어졌네.

분별과 시비를 모두 내려놓고,

다만 마음이 부처임을 보고 자기에게 귀의하노라.

目無所見無分別　耳聽無聲絶是非

分別是非都放下　但看心佛自歸依

번뇌를 없애는 길은 오직 일체 경계에 증오와 애착을 버리는 데 있습니다. 번뇌를 없애는 데에는 반드시 몸을 없애야 하며(40번 구절), 나아가 '몸을 없애면 부처도 없고 부처를 찾을 원인(번뇌)도 없으며', '부처도 없고 원인도 없으면, 저절로 법도 없고 사람도 없어지리라'는 41번 구절은 지극한 체험에서 나온 말이라고 할 수 있습니다. 지공 대사는 자성을 깨달아 일체의 경계를 따르지 않는 경지를 보여줍니다. 마음이 곧 부처인 도리를 깨닫는 진정한 뜻이 여기에 있다고 할 수 있습니다.

특히 40번에 나오는 '제신(除身; 몸을 없앤다)'은 마음공부를 향상으로 이끄는 참으로 긴요한 가르침입니다. 제신은 경계를 잊고 나아가 자기마저 내려놓는 더 깊은 무심無心이니, 마침내 법도 사람도 사라지게 합니다. 야부 선사의 다음 게송은 지공 대사의 뜻과 잘 어울리기에 여기에 올려봅니다.

고요한 밤 산당山堂에 말없이 앉았으니,

고요하고 텅 비어 본래 그대로이네.

서풍은 무슨 일로 나무숲을 뒤흔들어,

찬 기러기 저 하늘에 소리쳐 울게 하노?

山堂靜夜坐無言　寂寂廖廖本自然

何事西風動林野　一聲寒雁唳長天

(『금강경』 제10. 장엄정토분 야부송)

절에서 쫓겨난 선배

공부를 할 때 가장 어려운 점의 하나는 좋은 스승을 만나는 일입니다. 속 좁은 스승을 만나면, 잘못된 관념에 매여 평생 공부를 그르치기 쉽습니다. 자기의 공부만 그르칠 뿐 아니라, 옳고 그름을 따지며 다른 이에게 상처를 주기도 합니다. 아난존자는 선지식을 만나면 공부가 반은 된 거나 같다고 하자, 부처님은 반이 아니라 전부라고 말씀하셨습니다.

이와 같이 나는 들었다. 한때 세존께서는 싸끼야족이 사는 나가라까라는 싸끼야족 마을에 계셨다. 그때 존자 아난다가 세존께서 계신 곳으로 찾아왔다. 가까이 다가와서 세존께 인사를 드리고 한쪽으로 물러나 앉았다. 한쪽으로 물러나 앉아 존자 아난다는 세존께 이와 같이 말씀드렸다.
"세존이시여, 좋은 친구와 사귀는 것, 좋은 동료와 사귀는 것, 좋은 도반과 사귀는 것이야말로 청정한 삶의 절반에 해당합니다."

"아난다여, 그렇게 말하지 말라. 아난다여, 그렇게 말하지 말라. 좋은 친구와 사귀는 것, 좋은 동료와 사귀는 것, 좋은 도반과 사귀는 것이야말로 청정한 삶의 전부에 해당한다. 아난다여, 좋은 친구와 사귀고, 좋은 동료와 사귀고, 좋은 도반과 사귀면, 여덟 가지 고귀한 길을 닦고 여덟 가지 고귀한 길을 익히리라는 것은 자명하다." (「절반의 경」『쌍윳따니까야』 제5권 45:2)

좋은 스승이나 도반을 만나면 저절로 8정도를 닦게 된다고 부처님은 말씀합니다. 팔정도의 첫 네 항목은 바른 견해(正見), 바른 생각(正思), 바른 말(正語), 바른 행위(正業)입니다. 바른 견해는 말할 것도 없지만, 특히 생각, 말, 행위가 곧 공부의 표준입니다. 스승이 눈 밝은 사람인지 아닌지 가려내기란 쉽지 않지만, 그러나 자신의 생각과 말과 행위를 돌아보면 제대로 공부 길에 들어섰는지 스스로 확인할 수 있습니다. 마음속에 이런저런 망상이 떠오르거나, 주위 사람이 눈 아래로 보이면 벌써 공부가 잘못되어 가는 징조입니다. 잘못된 공부의 가장 큰 특징은 무엇보다 마음이 쉬지 못하는 데 있습니다.

옛 선지식들이 한결같이 경계한 것은 아상我相입니다. 아상은 단순히 교만하다는 의미를 넘어 그 뿌리가 깊습니다. 겉으로는 수행을 해서 얻은 것으로 보이는데 실상 그 뿌리는 도리어 아상인 수행자도 볼 수 있습니다. 그런 사람일수록 경전에 대한 지식으로 자기를 방어하거나, 방석 위에 앉은 햇수를 따지며 자기의 권위를 내세웁니다. 수행을 하거나 경전을 공부하며 일어난 시간은 자칫 명리를 구하고 남 위에 군림하려는 수단이 되기 쉽습니다. 천하의 선지식을 만나 진짜와 가짜를 가려낸 분은 많지만, 그중에서도 첫째가는 선객을 꼽으라면 단연 임제 선사입니다.

"도반들이여, 무릇 큰 선지식이라면 과감하게 부처와 조사를 비방하고, 천하에 시비를 걸고, 삼장(경·율·논)의 가르침을 배척하며, 여러 속 좁은 수행자들을 욕하고 꾸짖으며, 역순경계에 놓아가 그 가운데서 사람을 찾는다. 그런 까닭에 나는 지난 12년 동안 설법하면서 하나라도 지은 업이 있는지 찾아보았지만, 겨자씨만큼도 얻어보지 못했다. 만약 새색시 같은 선사라면 절에서 쫓겨나 밥을 굶을까 두려워하며 마음이 불안하고 괴로워한다. 예부터 선배들은 가는 곳마다 사람들이 믿지 못해 절에서 쫓겨났었다. 이렇게 쫓겨나야 비로소 그 사람이 귀한 사람인 줄 알게 되는 것이다. 만약 가는 곳마다 사람들이 고개를 끄덕이면, 무슨 일을 할 수 있겠는가?"(『임제록』)

임제 선사는 12년 동안 부처와 조사를 비방하고, 천하 수행자들에게 시비를 걸었습니다. 선지식을 만나 역순으로 흔들고 호통을 쳤습니다. 용과 뱀을 가리기 위해 상대방이 의지하는 시간과 장소를 통째로 무너뜨려 상대방이 천 길 낭떠러지에 외발로 서게 했습니다. 선사의 행위는 세속적으로는 참으로 큰 업을 지은 것과 같습니다. 그러나 임제 선사는 스스로 지은 업을 찾아보았지만 겨자씨만큼도 얻을 수 없다고 말합니다. 참으로 공성空性을 깊이 깨달은 분이 아니면 할 수 없는 말입니다.

"하늘과 땅이 뒤집어져도 나는 다시 의심이 없다. 시방세계의 부처가 내 눈 앞에 나타나도 한 생각도 기뻐하지 않고, 삼악도의 지옥이 나타나도 한 생각도 두려워하지 않는다. 어째서 이럴 수 있는가? 나는 일체 만법을 빈 모습으로 보기 때문이다. 변화가 있으면 유有이고, 변화가 없으면 무無일 뿐이다. 삼계가 오직 마음이요, 만법이 오직 식識이다. 꿈이요, 환상이요, 허깨비꽃을 무엇 하러 애써 붙잡으려 하는가?"(『임제록』)

임제 선사는 "나는 만법을 빈 모습으로 본다.(我見諸法空相)"고 했습니다. 선사의 이 말은 참으로 깎아지른 절벽처럼 눈을 들어도 그 끝을 보기 어려운 법문입니다. 그냥 뜻풀이로 읽어서는 임제 선사와 함께 기개를 나누지 못합니다. 수행을 해서 얻은 경지에 의지하는 것은 쉽지만, 그동안 닦아온 공부의 사다리를 치워버리는 것은 결코 쉽지 않습니다. 진정한 무심은 여기서 일어납니다.

공부가 잘못되면, 무엇보다 '내가 잘 아는 수승한 경전', '내가 본 경지', '내가 거쳐 온 수행이력'이 중요하게 됩니다. 그런 수행자의 마음에는 과거 현재 미래가 가득합니다. 만약 어디서 무슨 공부를 했다는 이력을 팔아 사람을 모은다면 장사치가 하는 일과 다름이 없습니다. 책에 의지하고 생각과 말에 기대지 않을 수 없으니, 이런 수행자를 임제 선사는 '새색시 같은 선사'라고 비판했지요. 옛사람들은 '진정한 선지식이 있는 곳은 문 앞에 갈대가 우거진다'고 탄식했습니다. 임제 선사는 눈 밝은 옛 선배들은 사람들이 믿지 못해 절에서 쫓겨나는 일이 많았다고 하며, 절에서 쫓겨나야 비로소 그 안목이 귀한 줄 안다고까지 말했습니다.

공부의 병통의 큰 뿌리는 시간입니다. 시간에 매여 있으면 아무리 만법이 비어 있다는 것을 알아도 행이 바로 서지 못합니다. 과거나 현재에 지은 공부에 집착하고, 미래에 묶이기 때문입니다. 임제 선사는 삼세(三世; 과거 현재 미래)가 공한 것을 가장 알기가 어렵다고 말했습니다. 삼세가 비어 있는 도리를 투철하게 보지 못하면, 아상我相을 지으며 평생을 그르치기 쉽습니다. 아무 날 아무 시에 자기가 죽는다고 미리 알아맞춰야 도인이라고 생각하는 사람이 적지 않습니다. 그러나 진정한 도인은 과거 현재 미래가 끊어진 사람입니다. 시간에 대한 분별이 쉬어야 하심을 지키며 이웃을 편하게 할 수 있습니다.

세상에 살면서 우리는 시간을 쓰지 않을 수 없습니다. 그러나 어두운 스승은 꽃에 물을 주듯, 시간을 키웁니다. 이런 모임에서는 경전을 공부한 햇수나 방석에 앉은 기간이 실제 얻은 깨달음보다 더 중요해집니다. 시간이 쌓이면 제자들은 기쁨을 얻을지 모르지만, 시간에 묶이기 십상입니다. 처음과 끝, 위와 아래 등에 대한 권위가 지배하는 한, 식심견성識心見性은 단지 경전 속의 일이

110

나 말마디일 뿐입니다. 그러나 눈 밝은 스승은 시간을 단박에 끊어버립니다. 곁에 있는 사람들은 방향을 잃고 재미도 없어 흩어집니다. 그러나 진정한 수행자는 여기서 '나'라는 굴레에서 벗어나는 길을 배웁니다. 그리하여 시간의 짐에서 벗어나 적적寂寂한 자성을 만날 수 있습니다.

파자소암

옛 조사들의 행장을 보면, 눈 밝은 할머니들이 많이 등장합니다. 당시 생사에서 해탈하기 위해 수행하는 할머니들이 많았던 것을 볼 수 있습니다. 지금처럼 노보살들이라고 법회에서 복을 짓는 인연설화만 늘어놓는다면, 선종禪宗을 내세우는 불교의 전통에도 맞지 않습니다.

> 동산양개(洞山良价, 807~869, 조동종의 종조) 스님이 일찍이 행각할 때 길에서 물을 걸머진 한 노파를 만났다. 스님이 마실 물을 청했더니 그 노파가 말하였다.
>
> "물을 마시는 것은 무방합니다만, 제게 질문이 하나 있습니다."
>
> "말해 보십시오."
>
> "이 물에 티끌이 얼마나 있습니까?"
>
> "티끌이 없습니다."
>
> 노파는 말하였다.
>
> "내가 걸머진 물을 더럽히지 말고 가십시오." 『조동록』 감변 시중, 장경각

조주 스님께서 밖에 나갔을 때 한 할머니가 바구니를 들고 가
는 것을 보고 물었다.

"어디 가는가?"

"조주의 죽순을 훔치러 갑니다."

"갑자기 조주를 만나면 어쩌려고?"

할머니는 다가와서 스님의 뺨을 한 대 때렸다. (『조주록』)

다음은 『선문염송』에 나오는 공안 '고목枯木'입니다. 이 화두는
우리에게 파자소암(婆子燒庵; 할머니가 암자를 불사르다)으로 잘 알
려져 있습니다.

옛날에 어떤 할머니가 한 암주庵主를 20년 동안 공양하였는데,
항상 딸에게 밥을 보내 시봉을 하곤 했다. 어느 날 딸로 하여금
꼭 껴안고 물어보게 하였다.

"이럴 때 어떠하십니까?"

암주가 말하였다.

"마른 나무가 찬 바위에 기댔으니(枯木倚寒嵓) 한겨울에 따뜻
한 기운이 없도다.(三冬無暖氣)"

딸이 돌아와서 할머니에게 이야기를 전하니, 할머니가 말하였다.

"내가 20년 동안 겨우 속한俗漢을 공양했구나."

그리고는 벌떡 일어나서 암자를 불질러 버렸다.

(『선문염송』(한글대장경) 1463. 고목枯木)

'고목'은 『선문염송』 제30권에 나오는 마지막 화두입니다. 할머니는 신심있는 노보살로, 오랫동안 공부하는 스님을 시봉하였습니다. 20년이 되는 날, 노보살은 딸을 보내 스님의 공부를 점검했습니다. 그리고 그 경계가 아직 세속을 벗어나지 못한 것을 보고는 암자를 불태워 버렸습니다. 공부 앞에서는 한 치의 흐트러짐도 허용하지 않는 선가禪家의 엄격한 풍도를 보여주고 있습니다.

무심無心은 오관에 느낌이 없도록 단련하는 수련이 아닙니다. 경계에 대해 마음을 일으키지 않는 수행 속에는 늘 경계를 보고 분별하는 '내'가 숨어 있습니다. 육조 혜능 대사는 특히 좌선하는 수행자에게 이 병이 많은 것을 보고, 이런 수행은 결국 초목과 다름이 없다고 탄식했습니다. 육조 대사는 수행에 이런 분별이 남아 있으면, 남과 논쟁하거나 결국 명예와 부귀를 쫓게 된다고 경책했습니다.

호랑이를 만나도 무심한 것은 높은 경지라고 말할 수 있지만, 선종에서 말하는 무심과는 거리가 멉니다. 진정한 무심은 그래서 가려내기 어렵습니다. 개암붕 선사는 그 스님을 보고 이렇게 노래했습니다.

3천 조항의 법규를 다 뒤져도
판결할 만한 죄의 정황이 없구나.
비법非法과 능지凌遲를 제외하고는
관리를 보내어 조사하지 않는다네.

撿盡三千條貫　更無情罪可斷

除非法外凌遲　不用差官定驗 (『선문염송』고목)

색욕에 초연한 무심은 계율에 어긋나지 않아 죄를 논하기 어렵습니다. 개암붕 선사는 3천 조항의 법규를 다 뒤져도 그 스님의 죄를 판단하기 어렵다고 말합니다. 옛 법령에 따르면, 법령에 나오지 않는 애매한 행위(非道)나 능지처참을 내리는 무거운 벌칙에는 공정성을 확보하기 위해 관리를 직접 보냈습니다. 나라에서 관리를 직접 보낸 것처럼, 노보살이 딸을 보낸 것은, 스님이 겉으로 보기에는 죄라고 할 만한 것이 없지만, 그 속은 분명 심상치 않기 때문입니다. 스님의 무심은 자성自性을 깨닫는 선의 입장에서 본다면, 아직 바른 길이 아닙니다. 밀암함걸(密菴咸傑, 1118~1186) 선사는 이렇게 평했습니다.

"그 스님은 외로운 몸 훨훨 날려, 예사로이 넓은 파도에 들어가서 하늘을 치솟는 파도를 잠재웠으나 마침내 몸에는 한 방울의 물도 묻지 않았다. 자세히 점검해 보면, 항쇄를 부수고 족쇄를 깨뜨린 일은 곧 두 사람에게 없지 않지만, 불법에 관해서는 꿈에도 보지 못했다."

그 스님이 비록 경계에 초연하여 몸에는 물 한 방울 묻히지 않았으나, 진정한 무심은 아니라고 말합니다. 경계를 보고 물리치려는 마음속에는 아직 '나'와 '남'이라는 분별이 있기 때문입니다. 경계에 흔들리지 않는 무심은 모든 분별을 내려놓는 선의 무심과는 하늘과 땅만큼 차이가 있습니다.

무엇이 진정한 무심인가? 밀암 선사의 게송은 읽는 이의 눈을 번쩍 뜨게 합니다.

> "한 줌 버들가지 손에 쥐기 어려운데,
> 살랑살랑 봄바람이 옥난간에 걸어놓네."
> 一把柳條收不得 和風搭在玉欄干 (『선문염송』 고목)

바람에 흔들리는 가느다란 버들가지는 애를 써도 한 손에 쥐기 어렵습니다. 오히려 살랑살랑 없는 듯 부는 봄바람이 버들가지를 옥난간에 걸어 놓습니다. 이 구절은 참으로 지극한 법문입니다. 봄소식은 방 안에 있는 꽃이 먼저 전해줍니다.

 사족

밀암 선사가 인용한 시는 원래 태사太史 황정견(1045~1105)이 스승 회당 선사의 부음을 듣고 지은 시입니다. 사족이지만, 여기서 말하는 해풍은 생사의 바람이요, 능가산은 자성을 의미합니다. 좋은 시 한 구절은 읽는 이의 눈을 번쩍 뜨게 합니다.

해풍이 능가산에 불어오니,

사해의 선객들이여! 눈을 뜨고 바라보라.

한 줌 버들가지 손에 쥐기 어려운데,

살랑살랑 봄바람이 옥난간에 걸어놓네.

海風吹落楞伽山　四海禪流着眼看

一把柳條收不得　和風搭在玉欄干 (『선문보장록』)

야부 선사의 아사부

야부(冶父; 야보) 스님은 속성은 추秋씨요 이름은 삼三으로, 생몰
연대는 뚜렷하지 않습니다. 송나라 사람으로 군의 집방직(執方職,
1127~1130)에 있다가 도겸道謙 선사에게 도천道川이라는 호를 받
았습니다. 정인계성淨因繼成의 인가를 얻어 임제臨濟의 6세 제자가
되며,『금강경 야부송』을 남겨 후세에 뛰어난 안목을 보여줍니다.
다음은『금강경』지경공덕분에 대한 야부 선사의 게송입니다.

◎ 금강경(지경공덕분)
"수보리여! 소승법을 좋아하는 자가 자아가 있다는 견해, 개아
가 있다는 견해, 중생이 있다는 견해, 영혼이 있다는 견해에 집
착한다면, 이 경(금강경)을 듣고 받고 읽고 외우며 다른 사람을
위해 설명해 주지 못한다."
若樂小法者 著我見人見衆生見壽者見 則於此經 不能聽受讀誦
爲人解說

118

◎ 야부 선사의 평

인자仁者가 보면 '인仁'이라 여기고, 지자智者가 보면 '지智'라고 부른다.

仁者見之 爲之仁 智者見之 謂之智

소승법에 집착하는 사람들은 갖가지 견해-내가(아상) 중생(중생상)에게 보시하면, 세세생생(수자상) 좋은 곳(인상)에 태어난다-를 지어내 사람들을 불러 모읍니다. 사람들은 재물을 들여 중생에게 보시하거나 불사를 많이 할수록 자기의 복전이 늘어난다고 생각합니다. 그러나 이런 사람들은 공空, 무상無相, 무아無我를 종지로 하는 금강경을 받아들이거나 남을 위해 설할 수 없습니다.

개아, 중생, 영혼에 대한 견해는 겉으로는 다르게 보이지만, 모두 '나'라는 분별(아상)의 연장입니다. 아상(我相)이 있으면 인상人相, 중생상衆生相, 수자상壽者相 등이 그 뒤를 따라 일어나는 것입니다. 야부 선사는 '인자仁者가 보면 인仁이라 여기고, 지자智者가 보면 지智라고 부른다'고 평했습니다. 인仁이라 부르거나 지智라고 해도, 결국 자기가 보는 눈에서 벗어나지 못하고 있습니다. 선사의 한마디는 모든 성현들의 입을 다물게 합니다. 야부의 죽비는 참으로 고고합니다.

<야부 선사의 게송>

영웅을 배우지도 않고 경서도 읽지 않으니,

허덕허덕 힘들게 먼 길을 걷는다.
어머니가 낳아준 보배를 무심하게 쓰노니,
기꺼이 무지無知한 아사부가 되노라.
괴이한 짓을 해서 어찌 특별한 사람을 얻겠는가?
不學英雄不讀書　波波役役走長途
娘生寶藏無心用　甘作無知餓死夫
爭怪得別人

경전에 있는 문자를 인용하고 세상에서 출세하는 법을 말하면
모두 그럴듯하게 여기지만, 어머니가 낳아준 보배(자성)를 무심히
쓰면 사람이 모이지 않습니다. 영웅을 따라 배우고 경서를 익히는
곳에 사람들이 모이는 것은 명예와 부귀가 그 속에 있기 때문입니
다. 사람들은 '배고프면 밥을 먹고 목마르면 물 마시는 도리'를 도
리어 어리석고 무지無知하다고 비웃습니다. 야부 선사는 허덕허덕
힘들게 살아도 기꺼이 무지한 아사부(餓死夫; 굶어죽는 사람)가 되
겠다고 노래합니다. 선사는 참으로 선禪의 핵심을 밝히고 있습니
다. 야부 선사는 게송 아래에 추가로 한 구절을 덧붙입니다.

"명예나 부귀로 사람을 끄는 괴이한 짓을 하면 어찌 눈 밝은 사
람을 얻을 수 있겠는가?"

이 한 구절이 없었으면 앞의 네 구절 시가 빛을 잃고, 야부 선사

의 참다운 면목이 구름에 가릴 뻔했습니다.

선사는 『금강경』 지경공덕분의 뜻을 살려, 선의 입장에서 소승小乘을 비판합니다. 선에서 보는 소승은 명예와 이익을 위해 불법을 파는 자들입니다. 그러므로 소승은 사람들이 모여드는 기복불교에 의존하지 않을 수 없습니다. 야부 선사의 뜻과 딱 어울리는 운문 선사의 법문이 있어 여기에 인용합니다.

"머리 빠진 늙은 중들이 굽은 나무토막 선상에 앉아 명예와 이익을 구한다. 그러면서 부처를 물으면 부처를 답하고 조사를 물으면 조사를 답하며, 똥오줌을 싸고 있다. 옷 입고 밥 먹고, 오줌 똥 싸는 것 이외에 더 무슨 일이 있겠는가? 까닭 없이 허다한 망상을 일으켜 무엇 하겠는가?"(『운문록』)

나찬 선사의 콧물

다음은 형산衡山 꼭대기 바위굴에서 은거했던 나찬懶瓚 선사의 게
송입니다.

> 세상사 덧없으니
> 산언덕에 사느니만 못하리.
> 칡덩굴 뒤엉킨 줄기 아래
> 바윗돌 베개 삼아 누웠노라.
> 世事悠悠 不如山丘
> 臥藤蘿下 塊石枕頭 (『임간록』, 장경각)

중국 당나라 때 살았던 나찬 스님의 본명은 명찬明瓚입니다. 처
음에 숭산보적嵩山普寂에게서 인가를 받아 법을 이었지만, 따르는
학인들이 적어 나중에는 형산衡山 바위굴에서 지냈습니다. 많은
스님들이 불법을 전하고 절을 경영하는 데 애썼지만, 스님은 홀로
한가하게 지냈습니다. 주위로부터 비난을 듣기도 했지만 조금도

부끄러워하지 않아, 사람들은 스님을 나찬(懶瓚; 게으른 명찬) 또는 나잔懶殘이라 불렀습니다. 대중들이 먹다 남긴 음식을 먹기를 좋아했고, 남악사에 내려와 일을 하다가 밤이 되면 소떼들 사이에서 자기를 20년 동안 계속했습니다. 당시 임금 덕종(德宗, 780~804)이 나찬 선사의 명성을 전해 듣고 사신을 보냈습니다. 사신은 스님이 머무는 석굴을 찾아와 말했습니다.

"천자의 칙서가 내렸으니, 스님께서는 일어나 성은에 감사하는 예를 올리십시오."
그러나 스님은 마침 쇠똥으로 지핀 불에 토란을 구워 먹느라 허연 콧물을 흘리며 대답하지 않았다. 사신이 웃으며 콧물을 닦으라 권하니 스님이 말하였다.
"내 어찌 속인을 위하여 콧물을 닦겠는가."
사신은 결국 스님을 천자에게 데려가지 못하였다. 덕종은 이 말을 전해 듣고 스님을 흠모하고 감탄하였다 한다.
(『임간록』, 장경각. 『벽암록』 34칙)

나찬 선사는 천자가 보낸 사신 앞에서도 콧물을 닦지 않았으니, 수행자로서 기개가 대단하다고 할 수 있습니다. 그러나 스님은 실로 자성의 청정함이 천자에 대한 예절보다 더 귀한 것임을 보여주었습니다. 배고프면 밥 먹고 목마르면 물 마시는 도리는 귀천貴賤과 피아彼我의 분별이 끊어져야 경험할 수 있습니다. 다음은 나찬 선사가 남긴 글과 게송입니다.

"세상 많은 일에 사람들이 서로 다투어 쫓아 혼란하지만, 나는 하늘에 태어나거나 복전을 바라지 않는다. 배고프면 밥을 먹고, 곤하면 잠을 잘 뿐이다. 어리석은 사람들은 나를 보고 비웃지만, 지혜로운 사람들은 이 소식을 알 것이다. 이는 어리석고 우둔해서가 아니라, 본래의 바탕(本體)이 그와 같아서이다.

홀로 고요히 일 없이 앉았으니(兀然無事坐),
봄이 오매 풀이 절로 푸르구나(春來草自靑)."
(남악나찬화상가,『경덕전등록』30권)

육조 대사는 '자성에서 나오는 견문각지見聞覺知에는 번뇌가 없다'고 했으니, 나찬 선사는 참으로 우뚝하게 자성이 청정한 뜻을 드러냈습니다. 자성에 충실하면, 세상의 시비분별이 문밖의 일임을 알 수 있습니다. 부귀와 명리名利의 갈등이 심한 이 시대에서도 나찬 선사가 보여주는 자성천진自性天眞은 세상의 위선과 혼란을 치유할 수 있는 옛길입니다.

운문 선사의 체로금풍

2016년 겨울, 광장에서 일어났던 일은 우리 정치사에 큰 전환기로 기억될 것입니다. 차가운 날씨에도 어두운 밤을 밝히던 수많은 촛불은 정치권의 개혁뿐만 아니라 우리 일상의 작은 부조리에서부터 고쳐 나가자고 외치는 국민의 엄숙한 죽비입니다. 남을 비난하기는 쉬워도 자기의 기득권을 내려놓는 일은 누구에게나 쉽지 않습니다.

수행자들도 자기가 성취한 수행에 대한 집착을 내려놓기는 쉽지 않습니다. 옛 스승들은 수행에는 역경계와 순경계가 있다고 말했습니다. 재물과 명예는 그래도 역경계라 버리기 쉽지만, 수행하면서 얻어지는 무심한 경지는 순경계라 참으로 벗어나기 어렵습니다. 한 학인이 운문雲門 선사에게 수행에 대해 물었을 때, 핵심은 무심이었습니다.

운문에게 어떤 스님이 물었다.

"나무가 마르고 잎이 떨어질 때는 어떠합니까?(樹凋葉落時

如何)"

운문 선사가 말하였다.

"온몸이 가을바람을 맞게 되지(體露金風)."

(『선문염송』23권 수조樹凋)

한 스님이 운문 선사에게 "나무가 마르고 잎이 떨어질 때는 어떠합니까?" 하고 물었습니다. 나무가 시들고 잎이 떨어지는 것은 몸과 마음이 무심無心한 경지를 상징합니다. 학인의 질문 속에는 자기의 수행에 대한 자부가 대단합니다. 운문 선사는 나무의 온몸이 가을바람을 맞게 된다고 매우 당연한 대답을 했습니다. 금풍은 서쪽에서 부는 찬바람, 즉 가을바람을 뜻합니다. 가을이 되어 나무가 마르고 잎이 떨어지면, 나무는 온몸이 찬바람에 노출됩니다. 여기에 학인은 달리 더 물을 것이 있을까요? 운문의 답변은 마치 통으로 된 쇠뭉치와 같아서 학인이 아무리 그동안 배운 지식과 앉은 힘을 다 모아도 밀어내지 못합니다.

운문 선사는 '체로금풍' 한 마디로 단박에 묻는 스님의 입을 막아버리고 문득 생각을 쉬게 했습니다. 분별이 그쳐야, 비로소 자기가 닦아온 무심도 또 하나의 장벽임을 깨닫게 됩니다. 아무리 오래 앉아 있어도 그 속에 '내'가 있는 한, 망념이 앞을 가려 자기의 성품을 볼 수 없습니다. 무심은 참거나 경계를 대하여 마음을 일으키지 않는 것이 아니라, 자기의 분별을 내려놓는 것입니다. '체로금풍' 화두에 대해 육왕심 선사는 운문 선사의 속을 다음과 같이 활짝 열어 보였습니다.

> 무쇠나무에 꽃 핀 일 헛되지 않으니
> 가을바람 불어오자 인간 세상에 두루 떨어졌네.
> 이 꽃 한 송이를 누가 주울꼬?
> 절름발이 운문의 배짱이 산만큼 크구나.
> 鐵樹花開不等閑　金風吹落遍人間
> 不知一片是誰得　跛脚雲門膽似山
>
> (『선문염송』23권 수조樹凋)

낙엽이 떨어지면 나무는 찬바람을 맞게 된다고 하는 운문 선사의 답변은 물음에 딱 맞는 당연한 답변이면서도, 학인으로 하여금 문득 눈을 씻고 청산靑山을 다시 보게 합니다. 그래서 육왕심은 평상한 대답에 큰 소식을 실은 운문의 배짱이 참으로 크다고 칭송을 했습니다.

천동정각 스님은 대혜종고와 함께 송나라의 대표적 선승입니다. 선사는 운문의 답변에 대해 "파도를 따르고 물결을 좇아 따라가다 보니, 배에 오르자 곧바로 집 문앞에 이르렀다."라고 찬탄했습니다.

천동정각 선사가 법상에 올라 이 화두(체로금풍)를 들고 말했다.

"(과연 운문은) 설봉의 아들이요, 덕산의 손자로다. 한마디 말을 끌어서 돌리니 뿌리를 찾아내기 어렵고, 뭇 견해를 딱 끊어 버려 밑바닥을 보인다. 뚜껑과 입이 서로 맞는 것이 하늘과 땅이 서로 응하는 것과 같고, 긴 것은 긴 대로 짧은 것은 짧은 대로 자연스러워 끊어진 마디가 없으며, 빈틈없이 꽉 차서 통째로 한 덩어리로 변한다. 파도를 타고 물결을 따라 그렇게 갔더니, 배에 오르자 곧바로 집 문앞에 이르렀구나."

(『선문염송』 23권 수조樹凋)

천동 선사는 운문의 답변이 뭇 견해를 끊고 마침내 강물의 바닥을 보여준다고 칭송합니다. 승찬 대사는 "애착과 증오만 버리면, 눈앞에 도가 분명해진다.(但莫憎愛 洞然明白. 『신심명』)"고 했습니다. 애증과 간택이 있는 것은 명예와 부귀에 집착하기 때문입니다. 간택이 있으면, 밥 먹고 물 마시는 일에 마음을 쉴 수 없습니다.

무심은 어떤 경전을 공부했으며, 어디서 얼마나 오래 앉았는지를 따지는 일과는 상관이 없습니다. 호랑이를 만나도 흔들림이 없는 것도 훌륭하지만, 내면에 있는 아상을 놓아야 참다운 무심입니다. 운문 선사의 '체로금풍'은 사람의 마음을 쉬게 하고 마침내 자기의 본성을 보여주는 놀라운 화두입니다.

야부 선사의 산문합장

다음은 『금강경』 제29 위의적정분威儀寂靜分과 야부 선사의 게송입니다.

◎ 금강경 제29 위의적정분

"수보리여! 어떤 사람이 '여래는 오기도 하고 가기도 하며 앉기도 하고 눕기도 한다.'고 말한다면, 그 사람은 내가 설한 뜻을 이해하지 못한 것이다. 왜냐하면 여래란 오는 것도 없고, 가는 것도 없으므로, 여래라고 말하기 때문이다."(須菩提 若有人 言 如來 若來 若去 若坐 若臥 是人 不解我所說義 何以故 如來者 無所從來 亦無所去 故名如來)

◎야부 선사는 위의적정분에 대해 다음과 같이 게송으로 주해를 달았다.

"산문 앞에서는 합장하고(山門頭合掌),

법당 안에서는 향을 피운다(佛殿裏燒香)."

"학인들은 가을 구름처럼 가고 또 오니(衲捲秋雲去復來),
몇 번이나 남악과 천태산을 돌았던가(幾廻南岳與天台).
한산과 습득은 서로 만나 웃었다(寒山拾得相逢笑).
자, 말해 보라. 무엇 때문에 웃었는가(且道 笑箇甚麼)?
웃으며, '함께 다녀도 한걸음도 내디딘 적 없다.'고 말했다네
(笑道同行步不擡)."

야부 선사는 임제종의 법을 이은 사람답게 철저하게 본분종사
의 입장에서 금강경을 해석하고 있습니다. 선사는 먼저 위의적정
분의 핵심을 한 구절로 밝히고 있습니다.

"산문 앞에서는 합장하고, 법당 안에서는 향을 피운다."

산문 앞에서 합장하고 법당에서 향을 피우는 일은 절을 찾는 불
자라면 당연히 올리는 예절입니다. 이 당연한 일을 위의적정분 서
두에 올리는 까닭은 무엇일까요? 합장과 공양을 받는 부처는 어
디에 있습니까? 텅 비어서 오고 가는 것이 없다고 말한다면, 아직
꿈속입니다. 봄바람은 싸늘해야 봄바람입니다.

"학인들은 가을 구름처럼 가고 또 오니,

몇 번이나 남악과 천태산을 돌았던가."

야부 선사는 당시 수행자들의 행태를 보여줍니다. 그들은 선문답을 하거나 문수보살을 친견한다며 천태산과 남악(衡山)을 유람하며 가을철 구름 떠다니듯이 이리저리 다니고 있습니다. 밖으로 향하는 공부는 사람들을 끌어 모으기 쉽습니다. 운문 선사 또한 공부하는 수행자들의 현실을 탄식했습니다.

"시절 운세가 기울어 이제 상법 말법시대에 들어섰다는 것을 알아야 한다. 요즈음 스님들은 문수보살을 친견한답시고 북쪽으로 가고, 남악에 유람한답시고 남쪽으로 간다. 그러나 이런식으로 행각하는 이름만 비구인 자(名字比丘)들은 부질없이 신도들의 시주만 소비할 뿐이니, 정말 쓸쓸한 일이다. 질문했다하면 새까만 칠통 같으면서 늘 하던 대로 세월만 보내는구나."
(『운문록』, 장경각)

구름처럼 떠돌아다니는 수행자들을 비판한 야부 선사는 갑자기 눈을 돌려 한산과 습득을 보라고 말합니다. 한산과 습득은 당나라 때 사람입니다. 그들은 거지차림으로 천태산 국청사에 드나들며, 스님들이 남겨놓은 음식을 먹고 다녔습니다. 한산은 산속차가운 굴에 살았으므로 한산寒山이라 불렸습니다. 한산과 습득은함께 어울려 시를 지으며 행각승 풍간 선사와 같이 법담을 주고받았습니다. 세상 사람들은 한산, 습득과 풍간을 삼은三隱 또는 삼성三聖이라고 불렀습니다.

한산과 습득은 서로 만나 큰 소리로 웃었습니다. 야부는 그 웃음의 의미를 우리에게 화두로 던지고 있습니다.

"한산과 습득은 서로 만나 웃었다.
자, 말해 보라. 무엇 때문에 웃었는가?"

선사는 스스로 자기의 답변을 남겼습니다. 야부의 게송은 한산과 습득의 웃음을 어디서 찾아야 하는지 우리의 눈을 번쩍 열어줍니다.

"웃으며, '함께 다녀도 한걸음도 내디딘 적 없다.'고 말했다네."

한산과 함께 걸은 이는 누구이며, 습득과 같이 다닌 이는 누구이며, 여래와 함께 앉고 누운 이는 누구일까요? 이 한 구절은 한산과 습득이 서로 웃는 까닭을 말해줄 뿐만 아니라 부처의 뒤통수를 단박에 보여주고 있습니다. 밖으로 향하는 마음을 쉬어야 문득 자기의 내면이 얼굴을 내밀게 됩니다. 자기의 성품은 고요하고 담박합니다. 종일 걸어도 걸은 적이 없으며, 종일 앉아도 앉은 적이 없습니다. 한산과 습득은 참으로 자기의 뱃속을 통째로 보여주고 있습니다.

자성自性을 본 사람은 배고프면 밥 먹고 목마르면 물을 마실 뿐, 다시는 뒤를 돌아보지 않습니다. 이집 저집 찾아다니며 주워 담는 것을 수행으로 여기는 세상에, 야부 선사의 한마디는 천둥 같은 소리로 우리 자신의 내면을 일깨웁니다. 선사의 법문은 참으로 긴 가뭄 끝에 내리는 서늘한 소나기와 같습니다.

다음에 인용하는 부 대사의 게송 또한 '함께 걸어도 한걸음도 내디딘 적이 없는' 도리가 무엇인지 밝혀줍니다. 부 대사는 중국의 유마 거사로 추앙 받고 있습니다. 아울러 황벽 선사와 임제 선사의 어록과 『벽암록』에도 등장하는 것을 보면, 비록 재가자였지만 그의 깨달음과 명성이 얼마나 높았던가를 짐작할 수 있습니다.

밤마다 부처를 안고 자고(夜夜抱佛眠),
아침마다 함께 일어난다(朝朝還共起).
서고 앉을 때 늘 따라다니며(起坐鎭相隨),
말하고 침묵할 때 함께 한다(語默同居止).

털끝만큼도 서로 떨어지지 않으니(纖毫不相離),
흡사 몸을 따르는 그림자와 같다(如身影相似).
부처가 간 곳을 알고자 하는가(欲識佛去處)?
소리 내어 말하는 바로 이놈이로다(祇這語聲是).

(『선혜대사어록善慧大士語錄』)

밤마다 부처를 안고 자고, 아침마다 부처와 함께 일어난다고 하는 부 대사의 게송은 뜻이 지극하여 덧붙일 것이 없습니다. 그러나 야부 선사의 마음은 아직 답답합니다. 야부 선사의 속을 틔워 줄 말은 없는가?

산문 앞에서는 합장하고,
법당 안에서는 향을 피운다.

암두 선사의 말후구

용담 선사가 예언한 바와 같이, 덕산은 많은 사람들의 눈을 열어주었습니다. 덕산의 제자로서는 저 유명한 설봉의존(雪峰義存, 822~908)과 암두전활(巖頭全豁, 828~887)이 있습니다. 덕산은 학인이 찾아오면 문 앞에서 몽둥이를 휘둘렀습니다. 몽둥이는 분별이 미처 일어나기 전에 문득 자기의 성품을 보게 하는 방편입니다. 다음은 덕산 스님의 노년에 일어난 일입니다. 이 이야기는 나중에 무문관에 '덕산탁발'이라는 화두로 올려져 세상에 유명해졌습니다.

덕산 선사께서 하루는 밤이 늦어지자 발우를 들고 법당으로 나왔다. 이것을 보고 설봉雪峯 스님이 말했다. "저 노장이 아직 종도 울리지 않았고 북소리도 나지 않았는데, 발우를 들고 어디로 가는가?" 덕산 스님은 그대로 거처하는 방으로 되돌아갔다. 설봉이 암두 스님에게 이 말을 하니 암두가 말했다. "덕산 스님 같은 분이 아직 말후구末後句를 모르시네." 덕산 선사가 이 말을 들고 시자를 시켜 암두를 불러놓고 물었다. "네가 이 늙은이를 수긍하지 못하겠는가?" 암두는 그 뜻을 비밀히 말씀드렸다. 덕산 선사는 다음 날 법상에 올랐는데 과연 다른 때와 달랐다. 암두 스님이 법당 앞에서 손뼉을 치며 웃으며 말했다. "기쁘다. 우리 노스님이 말후구를 아셨다. 이후에는 세상 사람이 저분을 어찌하지 못할 것이다. 그러나 단지 3년뿐이다."

(본록本錄에 말하기를 "과연 3년 뒤에 입적하였다."고 되어 있다.)

(『선문염송』 제17권 668. 탁발)

공양 때가 되면 큰 절에서는 종을 치거나 북을 쳐서 대중을 부릅니다. 그런데 어느 날 공양이 늦어지자, 덕산 노스님은 발우를 들고 법당에 내려갔습니다. 배가 고파서일까요? 그렇게 말해도 흠이 되지 않습니다. 공양을 맡은 제자 설봉이 나서서 아직 때가 아닌데 왜 발우를 들고 나오느냐고 물었습니다. 덕산 스님은 조용히 방으로 돌아갔습니다. 선사는 경전과 문자가 이르지 못하는 자성을 보여주었지만, 아는 사람이 없었습니다. 오직 무심이라야 자성에 계합할 수 있으니, 종과 북에 의존하는 알음알이로서는 덕산을 만날 수 없습니다.

다행히 설봉이 이 일을 도반 암두에게 말했습니다. 그러자 암두는 "대 선지식인 덕산 스님이 말후구(末後句, 마지막 끝 구절)도 모르는구나."라고 말했습니다. 암두가 끼어들어 도리어 일이 커졌습니다. 이 이야기를 들은 덕산 선사는 암두를 불러 아직 '발우를 들고 나오는 소식'을 수긍하지 못하느냐고 물었습니다. 배고프면 밥을 먹고 목마르면 물 마시는 이 도리에는 다시 다른 분별이 없기 때문입니다. 이윽고 암두가 은밀히 말을 건네자, 덕산은 그제야 고개를 끄덕였습니다. 암두는 "기쁘다. 우리 노스님이 말후구를 아셨다. 이후에는 세상 사람이 우리 스님을 어찌하지 못할 것이다."라고 말했습니다.

종소리나 북소리도 나기 전에 발우를 들고 나가면 구설수에 오르지만, 종소리나 북소리에 따라 대중과 함께 움직이면 누구도 시비분별을 일으키지 않습니다. 경전에 있는 말을 하면 조용해도, 밥 먹고 물 마시는 자성의 도리에 따라 말을 하면 시비가 일어납니다. 성품을 따르면 시비가 일어나고, 알음알이를 따르면 시비가 일어나지 않습니다. 이것을 본 암두는 말후구를 세웠습니다. 대중을 따라 소리와 빛깔(聲色)로 들어가기 위한 것입니다. 암두의 말후구는 진창에 발자국을 남기는 것과 같습니다. 몽둥이를 휘두르며 실낱같은 분별도 용납하지 않는 덕산은, 대중을 제도하고자 하는 암두의 자비심에 마침내 마음을 움직였습니다.

암두의 말후구는 스승 덕산을 대중들의 시비是非에서 구해내고, 북소리와 종소리를 붙잡는 대중들의 입을 다물게 했습니다. 인위적으로 만든 방편은 훗날 수행자를 묶는 말뚝이 되기 쉽습니다. 이 폐단을 생각하면, '말후구'를 대중에게 화두로 내놓은 암두에게 오히려 몽둥이를 한바탕 내려야 합니다. 그러나 본분종사 암두의 말후구는 종소리나 북소리를 따르거나 따르지 않거나, 이 두

가지에 무심해서 득실得失이 없습니다. 성색聲色에서 말후구를 본다면 암두를 보지 못합니다. 암두 선사야말로 이류異類 가운데서 행하는 '이류중행異類中行'을 몸소 보여준 대도인입니다.

이 덕산탁발에 대해서는 오늘날까지 선객들이 평이 끊이지 않습니다. 특히 덕산이 발우를 들고 나온 소식이나, 암두가 말한 '말후구'에 대해 이런저런 말이 많습니다. 그러나 원오 선사(대혜종고의 스승)는 이 화두를 제대로 아는 사람이 적다고 탄식했습니다. 오직 자성에 투철한 사람이라야 덕산과 암두의 뱃속에 들어갈 수 있습니다.

다음은 『선문염송』 제17권 「668. 탁발」에 함께 실린 글인데, 덕산탁발에 대한 여러 선지식들의 게송과 평을 모은 것입니다. 도반들의 공부에 도움이 될까 하여, 그중 몇 가지를 여기 올립니다. 특히 상방익 선사의 게송은 핵심을 찌릅니다. 선사는 덕산이 차라리 배고픔을 참았더라면 종을 칠 필요도 없고 말후구가 나올 필요도 없을 거라고 말했습니다.

대각련大覺璉이 송했다.

"목어와 북을 올리기 전에 어디로 가는가?
한번 방장으로 돌아간 뒤 그만이었다.
다비 후에 나누어 줄 게 없어 어려운데,
사람과 하늘이 아무리 울어도 머리를 들지 않는구나."

魚鼓未鳴何處去? 一歸方丈便休休, 茶毘後品難陳敍, 泣盡人天不擧頭.

해인신海印信이 송했다.
"낚시를 드리운 뜻 자라에 있었지만,
고래를 만나지 못하자 거두어 버렸네.
주위 사람이 억지로 그물을 쳐서
게와 조개 건져내느라 공연히 시끄럽다."
垂絲本爲釣鼇頭, 不遇鯤鯨便卻收. 剛被傍人布置網, 撈蝦摝蜆鬧
啾啾.

상방익上方益이 송했다.
"혼자서 고개 숙여 발우를 들고 돌아가니
곁에서 보는 이들의 비웃음을 어찌 면하랴?
일찍부터 종과 북을 칠 일이 없는 줄 알았다면
그에게 배고픔을 참으라고 말했으면 좋았으리."
瓦瓦低頭托鉢歸, 傍觀爭免笑嘻嘻. 早知不要鳴鐘鼓, 一等敎伊且
忍饑.

설두녕雪竇寧이 송했다.
"덕산은 원래 줄 없는 거문고를 익혔기에
청소곡靑霄曲을 뜯을 적에 운취 더욱 깊구나.
곁에 있는 여러 사람들이 귀를 모으지만,

얻고 잃음에 본래 무심한 걸 누가 알리오?"
渠儂慣弄勿絃琴, 韵出青霄旨趣深. 多少傍邊人著耳, 誰知得失本
無心?

심문분심心聞賁이 송했다.
"뒤뚱뒤뚱 다니다가 또 만났으니
발우 들고 돌아가서 쉬는 편이 좋으리.
까닭 없이 3년이라는 화두만이 생기니
옆 사람에게 한바탕 근심만 더해주네."
懵懵行來又撞頭, 不如托鉢且迴休. 無端惹起三年話, 添得傍人一
叚愁.

운거원雲居元이 상당하여 이 이야기를 들어 말하였다.
"참을성 없는 암두가 남의 집을 어지럽혀 놓았다. 비록 모기와
각다귀가 허공의 바람을 희롱하고 개미가 무쇠 기둥을 갉는 격
일 뿐, 덕산이 이 빠진 호랑이인 줄은 전혀 알지 못했다. 설사
온몸이 무쇠로 되었을지라도 한 번 할喝을 받아야 하리라. 여
러분은 마지막 구절을 알고자 하는가? 내가 설명해 주리라."
그리고는 주장자를 들고 말하였다.
"잠시 나의 입을 막을지언정 그대의 눈을 멀게 할 수는 없다."
雲居元上堂擧此話云: 叵耐嵓頭作亂人家院舍. 然雖如是, 蚊蝱弄
空裏猛風. 螻蟻撼於鐵柱. 殊不知德山是个無齒大蟲. 直饒通身是

鐵, 也被一. 諸人要會末後句麼? 雲居爲你說破.拈拄杖云: 乍可啞卻我口, 不可瞎卻汝眼.

대위철大潙喆이 염하였다.

"암두는 마치 높은 벼랑의 돌을 깨부수어 백리까지 짐승들이 자취를 감추게 한 것과 같다. 만일 덕산의 속이 깊고 밝지 않았다면, 어찌 어제와 오늘이 다름을 알겠는가?"

大潙喆拈: 嵓頭大似高崖石裂, 直得百里走獸潛蹤, 若非德山度量深明, 爭得昨日與今日不同?

원오극근圓悟克勤이 염하였다.

"이 공안은 총림叢林에서 해석하고 안다는 이는 많으나 확실하게 아는 이는 극히 적다. 어떤 이는 '참으로 이런 구절이 있다.'고 말하기도 하고, 어떤 이는 '부자父子가 주고받은 것이니 실제로 이런 구절이 없다.'고 말하기도 하여, 어떤 이는 '이 구절은 비밀히 전해져야 한다.'고 말하기도 하니, 이렇게 이야기로 알려는 것은 재치의 길만 늘어서 본분本分과의 거리는 매우 멀어지지 않을 수 없게 되었다. 그러므로 '제호醍醐의 멋진 맛은 세상이 다 소중히 여기는 바이나, 이런 사람을 만나면 모두가 독약이 된다.'고 했다."

圜悟勤拈: 此个公案叢林解會極多, 然小有的確透得者. 有以謂眞有此句, 有以謂父子唱和, 實無此句, 有以謂此句須密傳授, 不免

只是話會, 增長機路, 去本分甚遠. 所以道: 醍醐上味爲世所珍, 遇
此等人, 飜成毒藥.

(『선문염송』, 동국역경원 번역 참조)

석옥 선사의 서늘한 새벽

옛 선사의 문집을 읽다보면, 참으로 무릎을 치고 탄복을 하는 대목을 만나게 됩니다. 최근 우연히 읽은 석옥청공(石屋淸珙, 1272~1352)의 시에서 같은 감흥을 경험하였습니다. 석옥 스님은 원나라 때의 선승으로, 임제종 양기파의 법을 이었습니다. 고려 말의 고승, 백운경한과 태고보우 두 선사가 모두 석옥 스님을 찾아 인가를 받았습니다. 백운과 태고 두 스님 모두 스스로 깨달은 경지를 다시 확인 받은 것이어서 굳이 인가를 받았다고 말할 수는 없습니다. 그러나 선에 뛰어난 고려의 두 스님이 먼 길을 마다하지 않고 찾아간 것을 보면, 당시 석옥의 도와 명성이 얼마나 높았는지 짐작할 수 있습니다.

석옥 선사는 명성이 두루 퍼져 세간과 출세간을 불문하고 문 앞에는 늘 배우러 오는 이들의 신이 가득 찼습니다. 산중에 꼭 필요한 물건은 신도들이 보시했지만, 땔나무 하는 일과 채소 가꾸는 일 등은 스님이 몸소 행하였다고 합니다. 참으로 옛 선승의 고풍古風을 이었다고 할 수 있습니다. 선사는 참선하는 틈틈이 산에서 지내는 소감을 시(山居詩)로 남겼습니다. 그중에서도 다음 시는 수행자의 혼란을 날카롭게 지적하고, 나아가 그 혼란을 넘어서는 선종禪宗의 길이 무엇인지 소상하게 알려줍니다.

생각을 붙들어 참성품을 구하지만 참은 더 멀어지고,
마음을 기울여 망심을 끊지만 망심은 오히려 많아지네.
도인은 한결같이 마음을 비우느니,
달은 하늘에 있고 그림자는 물속에 있네.
著意求眞眞轉遠　擬心斷妄妄猶多
道人一種平懷處　月在靑天影在波

수행하는 모습은 반듯해도 수행자의 마음에는 아직 탐진치가 남아 있습니다. 해서 공부하는 자리에서도 시기질투와 경쟁의식으로 서로 싸우고 험담하는 일이 일어납니다. 수행에서조차 우열을 가리다보면, 수행도량이 망념을 조장하는 곳이 되기 쉽습니다. 수행할수록 선악을 나누고 시비를 가르는 현실에 좌절한 나머지 스스로 수행을 포기하는 사람도 보았습니다. 한편, 이러한 내적 혼돈을 감추고 은폐하는 수행자도 적지 않습니다. 위선僞善은 남과 나의 공부를 방해하는 가장 큰 장애입니다. 한 가까운 도반은 지금 시대에는 집에서 혼자 우두커니 앉는 것이 현실적인 공부이며, 무심하게 자기를 돌아볼 수 있는 근원적인 수행이라고까지 말합니다.

144

승속을 막론하고 망심을 끊어야 한다는 사실을 모르는 사람이 없건만, 석옥 선사의 말처럼, 생각을 붙들수록 참성품과 멀어지고 망심을 끊을수록 망심이 더 일어납니다. 부처님의 지위를 탐내다 마침내 부처님에게 바위를 굴렸던 제바달다도 한때 아라한으로 대접을 받았던 사람이었습니다. 육조 혜능 대사가 겪었던 일을 살펴보면, 더욱 망심의 본질이 무엇인지 분명하게 드러납니다.

혜능(638~713)은 23세의 젊은 나이에 오조 홍인 대사를 방문하여, 일년이 채 되지 않아 깨달음을 얻었습니다. 아직 머리를 깎지 않는 속인의 신분으로 달마의 제6조가 된 것입니다. 혜능을 보내기 전, 스승 홍인 대사는 아직 젊은 혜능의 앞날을 생각하여 전법가사 한 벌을 신표로 주었습니다. 훗날 혜능이 법을 설할 때 불조의 정맥임을 증명할 수 있도록 하기 위한 노파심절이 아니었을까요? 그러나 이 가사 한 벌 때문에 혜능은 여러 번 위험한 일을 겪게 됩니다. 소문을 들은 절의 대중들(대부분 신수의 제자)은 혜능이 가지고 간 가사를 빼앗으려고 뒤를 따랐습니다. 혜능은 목숨이 경각에 달하자 자기를 붙잡은 혜순(혜명이라고도 합니다)에게 가사를 되돌려 주었습니다. 다행히 마음을 바꾼 혜순이 혜능에게 법문을 청하면서 겨우 위기를 넘겼습니다. 『돈황본 단경』에 따르면, 혜능을 잡으러 뒤를 쫓은 대중들의 숫자는 수백 명입니다. 선악과 시비에 묶인 이들은 모두 금강경 등 경전을 공부하고 선을 닦는 수행자들이었습니다!

혜능 대사는 제자 신회(684~758)의 줄기찬 노력 끝에 사후 90

여 년(796년, 당 덕종 정원 12년)이 지나서야 당나라 왕실로부터 선종 제6조로 인정을 받았으니, 생전에는 육조의 지위를 인정받지 못했습니다. 명예와 파벌에 눈이 어두워 함께 공부하던 도반을 핍박하는 일은 어제 오늘이 아닙니다. 수행자가 시시비비를 일삼고 파벌을 이루고 다닌다면, 진정한 수행의 길은 어디서 찾을 수 있을까요? 석옥 선사는 수행의 대도大道를 이렇게 노래했습니다.

부처 되기를 구하기는 참 쉽지만,
망심 하나 끊는 것은 참으로 어렵네.
서리 내리는 궂은 밤과 밝은 달 환한 밤을 얼마나 지냈는고?
좌선을 하다 문득 새벽이 서늘한 것을 깨달았네.
要求作佛真箇易　唯斷妄心真箇難
幾度霜天明月夜　坐來覺得五更寒 (『석옥선사어록』 하권)

석옥 선사는 오직 마음을 비워야 자성을 본다고 노래합니다. 마음을 비우는 것(平懷)은 곧 망심을 끊는 것(斷妄心)과 다름 아닙니다. 명예와 이득에 집착하면 '너와 나'의 감옥에서 벗어날 수 없습니다. 어두운 마음으로 읽은 경전은 지와 행의 괴리를 키울 뿐입니다. 좌선을 하다 문득 새벽이 서늘한 것을 깨달았다는 시구에 이르러, 선사는 참으로 무심을 통해 자성自性을 보는 수행의 진수를 보여줍니다.

선악과 시비를 비우고 문득 자기의 내면을 만나면, 밥 먹고 물

마시는 도리를 보게 됩니다. 자기의 성품을 본 사람은 진실로 '수행을 마친다(頓修)'는 말의 뜻을 알 수 있습니다. 자기의 성품에 의지하면, 나와 남에 대한 분별이 없어도 한량없는 묘용을 경험할 수 있습니다. 여여한 자성에는 심오한 질서와 소박함이 흐르고 있습니다. 달은 하늘에 있고, 그림자는 물속에 있으니, 선악과 시비, 공부에 대한 교만과 문자에 대한 알음알이가 쉬어야 하는 까닭이 여기에 있습니다.

다음은 석옥 선사의 또 다른 시인데, 선사의 평생의 살림살이를 엿볼 수 있습니다. 같이 공부하는 한 도반은 이 시를 읽으며 자기도 모르게 탄성을 질렀습니다. 선사가 전하는 한 소식이 그대로 도반의 마음을 흔든 것입니다.

도인은 얽힌 생각이 없으니,
눈 닿는 곳마다 마음 광명이다.
푸른 복숭아는 어디 숨어 있나?
계곡 가득 흐르는 물마다 복숭아 향기로다.

풀이 깊으면 뱀의 본성은 기뻐하고,
날이 따뜻하면 나비의 마음은 좋아 날뛴다.
일찍이 나무꾼 노인이 한 말을 보니,
구름과 번개가 대낮에 방을 비춘 격이네.
道人緣慮盡　觸目是心光

何處碧桃謝　滿溪流水香

草深蛇性悅　日煖蝶心狂

曾見樵翁說　雲邊雪晝房

(『석옥청공선사어록』 제2권 산거시山居詩)

*나무꾼 노인(樵翁)은 부처님을 비유하는 말로 해석했습니다.

청산 밖에 있는 사람

도겸 선사는 저 유명한 금강경 야부송을 남긴 야부가 법문을 즐겨 들었으며, 성리학을 집대성한 주자(주희)가 스스로 제자로서 도를 물었던 사람입니다(「도겸 선사의 춤」 참조). 스님은 깨달음을 얻기까지 남달리 수행에 어려움을 많이 겪었습니다. 20년 동안 참선하며 당대의 선지식 원오 선사를 찾고 대혜 스님(간화선의 창시자)을 모시며 공부했지만, 가슴에 들어오는 것이 없었습니다. 그러다 가까운 도반이 던진 한마디 덕에 깨달음을 얻었습니다. 도겸 선사의 법문이나 게송을 새겨보면, 오랫동안 공부에 어려움을 겪은 수행자의 체험이 생생하게 담겨 있습니다.

"부처를 설하고 법을 설함은 소경과 귀머거리를 속이는 일이며, 성품을 논하고 마음을 논함은 스스로 함정 속으로 뛰어드는 일이다. 몽둥이와 할은 힘으로 사람을 속이는 일이며, 눈을 깜박거리고 눈썹을 치켜 올리는 것은 들여우가 사람을 홀리는 일이다. 그렇다고 이 모든 것이 아니라 해도 그것은 고함지르

면서 산울림이 멈추기를 바라는 격이며, 따로 무슨 기특한 일
이 있다 하여도 그것 또한 허공을 보고 말하는 것일 뿐이다."

(『총림성사』 상권 개선도겸 편)

너니 나니 따지며 시시비비를 일으키다 돌아보면, 이 모든 알음
알이는 망념입니다. 공부가 여기에 이르면 문득 청산을 만나게 됩
니다. 그래서 이윽고 성품을 논하고 마음을 논하기도 하며, 부처
를 설하고 법을 설하기도 합니다. 도겸 선사는 이런 경지에서 참
선을 하고 제방의 선지식을 찾아 여러 깨달음과 견처를 얻었지만,
속은 답답하기만 했습니다. 알음알이가 걷히면 그곳이 바로 청산
靑山이지만, 그러나 청산은 아직 수행자에게는 관념으로 덮여 있
습니다.

선가禪家에서는 설법을 갈등葛藤이라고 표현합니다. 갈등은 모
순이나 혼란을 뜻하지요. 이 한 도리는 언어나 문자로 나타낼 수
없기 때문입니다. 도겸 선사는 설법이 곧 갈등임을 길게 설명한
뒤에, 이렇게 마무리했습니다.

"그렇다면 결국 무엇인가?
흰구름 걷힌 곳이 바로 청산인데,
길가는 사람은 다시 청산 밖에 있노라."
白雲盡處是靑山 行人更在靑山外

길가는 사람(行人)은 도겸 자신을 가리킵니다. 청산에서 나오기는 결코 쉽지 않습니다. 마음과 성품을 논하고, 부처와 법을 설하는 일이 모두 청산입니다. 이처럼 참선을 하며 경전 공부를 하는 자신이 떳떳한데, 어떻게 벗어날 생각을 할 수 있을까요? 「대승찬」을 지은 지공 대사의 법문은 수행자의 방석을 단박에 빼앗아 버립니다.

용모를 단정히 하고 선정에 들고 좌선하며,
경계를 거두고 마음을 안정시켜 지혜로 관찰한다지만,
꼭두각시 나무인형이 도를 닦는 것이니,
어느 때나 저 언덕에 이를꼬?
斂容入定坐禪 攝境安心覺觀 機關木人修道 何時得達彼岸

입으로는 경도 외우고 논도 외우지만,
마음속은 구덩이처럼 좁고, 말라죽어가는 나무 같구나.
하루아침에 본래의 마음이 빈 것을 깨달으니,
본마음은 진여를 모두 갖추어 모자람이 없다.
口內誦經誦論 心裏尋常枯槁 一朝覺本心空 具足眞如不少

'입으로는 경도 외우고 논도 외우지만, 마음속은 구덩이처럼 좁고 말라죽어가는 나무와 같다.'는 지공 대사의 말은 청산에 갇혀 자기를 보지 못하는 사람의 모습입니다. 청산을 벗어나야 옷 입고

밥 먹는 자기에게 돌아갑니다. 도겸 선사는 청산을 벗어난 소식을
다음과 같이 노래했습니다.

> 태평시절이라 농사가 풍년이 들어,
> 나그네는 밥 걱정 없고 집에는 문을 잠그지 않네.
> 길에는 사람이 없고 밤에는 달도 없는데,
> 노래 부르며 돌아오니 어느덧 밤이 삼경이구나.
> 太平時節歲豊登　旅不賚粮戶不扃
> 官路無人夜無月　唱歌歸去恰三更
> (『총림성사』 상권 개선도겸 편)

이 시는 원래 '마음은 부처가 아니요, 도는 지혜가 아니다(心不
是佛 智不是道)' 화두에 대한 스님의 답입니다. 심불시불 화두는
실상 '마음이 곧 부처요, 도는 곧 지혜이다'라는 전통적인 법문을
부정하는 말입니다. 이 역시 청산을 벗어난 한마디를 요구하는 화
두입니다. 도겸 선사의 게송에는 오랫동안 청산에서 머물다 마침
내 청산에서 벗어나 자성을 본 사람의 체험이 녹아 있습니다. 방
에서 종을 치는 것은 방 안에 있는 사람들을 위함이 아니요, 옆방
에서 공명을 얻기 위해서입니다.

달마는 왜 수염이 없느냐

혹암사체(或菴師體, 1108~1179) 스님은 송나라 때 임제종 선사입니다. 혹암 선사는 평소 학인들에게 "달마 대사는 왜 수염이 없느냐?"고 물었습니다. 달마 대사는 인도사람이라 눈이 부리부리하고 온통 수염이 얼굴을 덮은 사람인데, 이런 질문을 던진 것입니다. 이 화두가 당시 여러 학인들의 탁마를 불러, 무문 선사는 자신이 지은 『무문관』 제4칙에 이 화두 '호자무수(胡子無鬚; 달마는 수염이 없다)'를 올렸습니다.

중국의 선종은 달마 대사가 종조입니다. 선종의 역사에 따르면, 달마 대사는 A.D. 520년경 중국에 들어와 북위北魏의 낙양에 이르러 양무제를 만나고서는 동쪽의 숭산 소림사에서 9년간 면벽 좌선하였고, 나중에 제자 혜가에게 법을 전했습니다. 소림사에 머문 달마는 면벽한 채 하루 종일 말이 없었습니다. 사람들은 그를 헤아릴 수 없어서 '벽관壁觀바라문'이라고 불렀습니다. 달마 대사가 벽을 마주한 채 앉은 것은 마음을 가라앉히는 보통의 좌선과 다릅니다. 달마 대사의 면벽에 대해 황벽 선사는 이렇게 말했습니다.

가히 천기를 누설한 법문입니다.

"달마 대사께서 벽을 바라보고 앉은 것은 사람들이 이런저런 견해를 갖지 못하게 하기 위한 것이다. 그래서 옛 사람은 말하기를 '잊는 것(忘)은 불도佛道이지만, 분별分別하는 것은 마구니의 경계다.'라고 한 것이다." (『완릉록』)

달마 대사는 자신을 시기하는 사람들에 의해 여섯 번 독약을 먹고도 무시하였으나 일곱 번째는 인연이 다하였음을 알고 독약을 마시고 죽었습니다. 2조 혜가 대사는 그를 시기한 한 스님의 무고로 늦은 나이에 사형을 당했습니다. 일 없는 도리를 이해하지 못한 한 승려가 불온하다고 관가에 고발한 것입니다. 선종이 일어날 즈음 기존 불교계 안에서 선종을 적대시한 역사를 보여주고 있습니다. 이러한 사실은 선불교가 기존 불교계가 적대시했을 정도로 혁명적이었음을 역으로 말해주고 있습니다. 달마를 내세우는 초기 선종의 선사들은 일체의 방편을 쓰지 않고 일 없이 앉아 있었습니다.

혹암 스님은 사람들에게 '달마 대사는 왜 수염이 없느냐'고 물었습니다. 달마 대사의 초상화를 한 번이라도 본 사람에게는 정신을 흐리멍덩하게 만드는 화두입니다. 이 화두에 대해 무문 선사는 자기의 견처를 이렇게 밝혔습니다.

"참구는 반드시 진실한 참구라야 하며, 깨달음은 반드시 진실한 깨달음이라야 한다. 이 오랑캐는 반드시 직접 한 번 봐야만 한다."(『무문관』제4 호자무수)

달마 대사의 얼굴을 직접 봐야 한다는 말은 곧 우리의 본성本性, 즉 청정한 마음자리를 직접 보아야 한다는 말과 같습니다. 그러나 이 말은 특별한 신통력을 쓰거나 선정 속에서 달마의 얼굴을 보는 것과는 다른 뜻입니다. 무문 선사는 "설사 직접 봤다고 해도 벌써 둘이 되어 버린다."고 말하며 혹 선정 속에 달마의 환상을 보는 것과 같은 해석을 경계했습니다. 조주 선사는 한 스님이 초상화를 그려 바치자, 이렇게 말했습니다.

만약 나를 닮았으면 나를 때려죽일 것이요,
닮지 않았다면 당장 불살라 버려라.
若似老僧 即打殺我 若不似 即燒却 (『조주록』, 장경각)

초상화가 조주 선사의 참 모습을 제대로 그렸으면 더 이상 늙은 조주의 모습은 아닐 것이니 물리쳐야 합니다. 만약 초상화가 조주 늙은이를 그렸으면 조주를 제대로 그리지 못했으니, 당장 불살라야 합니다. 조주 선사는 자기가 누구인지 이렇게 밝혔습니다.

세계가 있기 전에도 이 성품은 있었고 세계가 무너질 때라도 이 성품은 무너지지 않으니, 이 늙은 중(조주)을 한 번 본 다음에도 딴 사람 되는 것이 아니니, 다만 주인공일 따름이다. 이것을 다시 바깥에서 찾은들 무얼 하겠는가. 이런 때에 밖으로 고개를 돌리지 말라. 곧 잃어버린다. (『조주록』, 장경각)

조주 선사는 자기의 얼굴을 보고 나서는 다시는 밖으로 고개를 돌리지 않았습니다. 참으로 무심해야 고개를 다시는 돌리지 않게 됩니다. 무문 선사는 혹암 스님의 '호자무수' 화두에 게송을 달았습니다.

어리석은 사람 앞에서
꿈 이야기를 해서는 안 되리.
오랑캐에게 수염이 없다고 하니,
아주 분명한 것에 흐리멍덩함을 덧붙였네.

무문 선사는 어리석은 사람 앞에서 꿈 이야기를 하지 말라고 합니다. 미국에 티베트 불교를 처음 전한 초감 투룽파는 사람들에게 "여러분은 진리를 모르는 것을 다행으로 여겨야 합니다. 여러분이 정말 진리를 알게 되면 여러분이 소유한 모든 것을 버리게 됩니다."고 말했습니다. 진리를 안다는 것은 꿈에서 깨어나는 일입니다. 그러나 꿈에서 깨어난 사람은 '나'와 '내 것'을 찾지 못하니, 세속적으로 보면 눈이 흐리멍덩한 사람입니다. 경전을 공부하고 참선을 닦아 경지를 얻었다고 자부하는 수행자에게도 이 모든 것이 꿈이라고 하면 섭섭합니다. 그 속에는 공부했다는 에고가 눈을 부릅뜨고 앉아 있습니다.

'달마 대사에게 왜 수염이 없느냐'고 묻는 혹암 선사의 한마디는 학인들의 초롱초롱한 눈을 단숨에 흐리멍덩한 눈으로 바꾸어 버렸습니다. 초롱초롱한 눈은 세상의 어둠과 밝음을 잘 구별합니다. 그러나 명예와 권위에 집착하고 시시비비를 따지는 초롱초롱한 눈에는 마음의 평화가 없습니다. 옛 사람은 이것을 '둘이 하나에서 생긴다(二由一有)'고 했습니다. 이에 반해, 흐리멍덩한 눈은 하나(一)를 거슬러, 하나가 생기기 전을 봅니다. 하늘과 땅도 다 무너져 다시는 밝음과 어둠을 보지 않습니다. 낮과 밤이 바뀌어도 바쁜 일이 없습니다. 눈을 들어 산과 강을 보지 않는 사람에게 수염 없는 달마 대사가 나타납니다.

🪷 사족

달마무수(달마 대사는 수염이 없다) 화두를 제창한 혹암 스님은 어느 날 국청사 관음보살상을 보고 아래와 같이 찬贊을 지어 붙였습니다.

본분의 도리를 따르지 않고 도리어 중생들을 어지럽게 하는데,
우러러 보는 사람들이 있으니 눈이 멀었구나.
장안의 달빛은 예나 지금이나 한 가지로 환한데

어찌 사내대장부가 눈 먼 사람처럼 벽을 더듬으랴!

不依本分惱亂衆生　之仰之有眼如盲

長安風月貫今昔　那個男兒摸壁行 (『선림보훈』)

　　당시 국청사에서 주석하던 할당 선사가 이 글을 보고 깜짝 놀랐
습니다. "차암此庵 스님에게 이런 제자가 있는 줄 몰랐다." 그리고
는 즉시 흑암 선사를 찾아서는 굳이 많은 사람 가운데서 제일 윗
자리에 앉게 했습니다. 흑암 선사의 게송은 단박에 국청사 관음보
살상의 두 눈을 멀게 하였습니다.

남전 선사의 평상심

조주 스님(778~897)은 남전 선사의 제자입니다. 조주 선사는 젊어서 깨달음을 얻었지만, 스승이 입적하기까지 40여 년간 스승의 곁을 떠나지 않았습니다. 조주 선사는 한 번 자기의 성품을 본 후로 다시는 얼굴을 돌리지 않았습니다. 나이 70이 되어서야 천하를 다니며 행각했습니다. 행각 도중 당대의 선승 임제와 만나 나눈 법담은 『임제록』에도 전해지고 있습니다.

조주는 젊은 시절 어느 날, 스승 남전에게 '도가 무엇이냐'고 물었습니다. 수행자에게 도는 닦아서 얻어야 할 이상이자 목표입니다. 스승은 '그저 평상한 마음이 도'라고 대답했습니다.

스승 남전에게 조주가 물었다.
"도道가 무엇입니까?"
"평상한 마음이 도다."
"평상한 마음이 도라면, 도리어 향해 나아갈 수 있습니까(趣向)?"

"나아가려고 헤아리면, 어긋난다(擬向則乖)."

"헤아리지 않으면, 어떻게 도를 알 수 있습니까?"

"도는 아는 데 속하지도 않고, 모르는 데 속하지도 않는다. 안다고 하는 것은 망심으로 깨닫는 것(妄覺)이요, 모른다는 것은 생각 없이 깜깜한 것(無記)이다. 만약 참으로 '헤아리지 않는 도(不擬之道)'를 통달하면, 마치 허공과 같아서 탁 트이고 텅 비어진다. 어찌 옳으니 그르니 굳이 따질 수 있겠는가?"

조주는 이 말에 문득 깨달았다.

(『무문관』 제19칙 평상시도平常是道)

수행자는 진리를 깨닫기 위해서 수행을 합니다. 여러 경전을 읽거나, 선정 수행을 하거나, 염불, 주력을 합니다. 또 다음 생을 위해 복을 짓기도 합니다. 이들 모두 수행하면 떠오르는 덕목입니다. 그러나 남전 선사는 도리어 평상한 마음이 곧 도라고 합니다. 조주 스님은 그래서 반문했습니다.

"도道가 평상한 마음이라면, 먹고 자고 옷을 입고 말하는 이 모든 마음이 진리란 뜻인데, 그렇다면 수행을 한다는 것은 무엇입니까? 평상한 마음은 닦아서 나아갈 수 있는 것입니까?"

그러자 스승 남전은 높고 낮음이나 성과 속을 분별하며 헤아리지 않는 것이 도라고 대답했습니다. 그렇게 헤아리면 도리어 평상한 마음을 얻을 수 없다는 가르침이지요. 세상에 사는 우리는 노력해야 얻을 수 있는 것이 많습니다. 졸업장이나 자격증이 대표적인 예입니다. 졸업장이나 자격증은 그것을 얻은 사람에게 특별한 권위나 혜택을 보장합니다. 졸업장이나 자격증이 우리 의식 속에는 무엇을 의미할까요? 졸업장이나 자격증을 만들어 내는 제도가 옳고 그른지 따지자는 것이 아니라, 그것을 구하는 우리의 의식 상황을 묻는 것입니다. 세속에서뿐만 아니라 종교에도 유사한 제도가 있습니다. 수행자나 성직자가 이수하는 과정에 따라 낮은 곳과 높은 곳이 있으며, 처음과 끝이 있습니다. 높고 낮은 곳을 만들어 내고 처음과 끝을 가르는 종교가 평상심을 줄 수 있을까요?

선의 종장 백장 선사는 어느 날 대위산大溈山에 절을 세우기로 했습니다. 대중 가운데서 절 주지를 맡으며 법을 펼 만한 사람을 뽑아야 했습니다. 백장은 수좌들을 불러 문제를 냈습니다.

백장은 물병을 가리키며 물었다.
"이것을 물병이라고 부를 수 없다. 무엇이라고 해야 하겠는가?"
한 수좌가 말했다.
"나무뭉치라고도 할 수 없습니다."
백장은 수긍치 않았다.
여럿이 차례로 대답했으나 모두 스승을 만족시키지 못했다. 백장은 마침내 전좌(침구나 음식을 책임지는 소임)를 맡고 있는 한

스님에게 물었다. 그 스님은 거침없이 다가와 물병을 발로 차
서 꺼꾸러뜨렸다.

백장은 "대위산을 무너뜨렸구나!"라고 찬탄하며, 그 스님을 대
위산으로 보냈다.

전좌 스님은 평상심이 무엇인지 적나라하게 드러냈습니다. 다
만 백장 선사는 그 스님이 발로 병을 찰 때 꼭 붙잡았어야 했는데
보내버렸으니, 천고의 한입니다. 도둑을 잡으면 반드시 입을 열게
해야 합니다. 후에 대위산에서 크게 법을 편 이 수좌가 바로 위산
영우(潙山靈祐, 771~853)입니다. 위산은 위앙종의 개조이기도 합
니다. 경전의 논리를 따르거나 스승의 말을 모방하면 안전하지만,
자기살림이 없는 수행자는 노예와 다름이 없습니다. 칼릴 지브란
은 말했습니다.

"소크라테스의 인격을 이해할 줄 모르는 사람은 알렉산더에
매료되고, 비르길리우스(로마시대의 시인)를 파악할 능력이 없
는 사람은 케자르를 찬양하고, 라플라스(프랑스의 천문학자이자
수학자)를 이해할 만한 이성을 갖추지 못한 사람은 나폴레옹을
위해 나팔을 불고 북을 두드린다. 그리고 나는 알렉산더나, 케
자르나, 나폴레옹을 흠모하는 사람들의 이성 속에서 항상 노예
근성의 면모를 발견했다."

남전 선사가 말하는 평상심에는 보이거나 붙잡을 만한 것이 하나도 없습니다. 도리어 수행자로 하여금 시시비비를 내려놓게 합니다.

> "만약 참으로 '헤아리지 않는 도(不擬之道)'를 통달하면, 마치 허공과 같아서 탁 트이고 텅 비어진다. 어찌 굳이 옳으니 그르니 따질 수 있겠는가?"

평상심平常心이 도라는 말은 수행자라면 누구나 한 번쯤 듣는 말이지만, 선에서 말하는 평상심은 일반적으로 말하는 무심이나 허심虛心과 다릅니다. 마음을 비운 것에 머물면 선문禪門에서는 아직 문 밖입니다. 옛 사람은 "물로써 물을 씻을 수 없는 한 구절을 가지고 오라"고 했습니다. 무문 선사는 남전의 평상심에 대해 다음과 같이 평했으니, 스님이야말로 남전의 뱃속에 들어간 사람입니다.

> "남전은 조주의 물음을 받고서는 곧바로 기왓장이 무너지듯, 얼음이 풀리듯 해서 설명할 수 없게 되었다. 조주가 설사 깨달았다 하더라도, 다시 30년을 참구해야 비로소 알게 될 것이다." (『무문관』 19칙 평상시도)

무문 선사는 남전 스님이 설한 평상심의 뜻을 이렇게 게송으로 밝혔습니다. 오직 먹고 마시는 일이 자기의 성품에서 나와야 무문 선사의 게송에서 시원한 바람을 맞을 수 있습니다.

봄에는 백 가지 꽃, 가을에는 밝은 달,
여름에는 시원한 바람, 겨울에는 눈이 있다네.
이런저런 일을 마음에 두지 않는다면,
이곳이 바로 인간세상 좋은 시절이라네. (『무문관』 19칙 평상시도)

재가자로서 수행을 놓치지 않고 살기란 여간 어렵지 않습니다. 주위를 돌아보면, 거짓 수행으로 자신의 위선을 감추는 일이 적지 않습니다. 명예와 재물을 추구하면, 적적寂寂한 평상심을 누릴 수 없습니다. 그런 사람일수록 마음이 쉬지 못해 외적인 형식이나 눈에 보이는 성과물에 집착합니다. 마음이나 성품의 도리를 말할 때는 마치 과학이론처럼 설명하기도 합니다. 그러나 물리학은 성품을 깨달아 마음을 쉬는 공부와는 서로 다릅니다. 조주 스님은 도를 묻는 사람에게 이렇게 대답했습니다.

한 스님이 조주 선사에게 물었다.
"조사가 서쪽에서 온 뜻이 무엇입니까?"
"상다리〔床脚〕다."
"그게 바로 그 뜻입니까?"
"그렇다면 빼 가지고 가거라." (『조주록』)

육조 대사는 욕심을 적게 하여 만족할 줄 알며, 명예와 재물을 떠나야, 비로소 부처님의 깨달음에 귀의하는 것이라고 했습니다 (自心歸依覺 少欲知足 離財離色.『돈황본 육조단경』). 평상심을 얻기 위해서는 기왓장이 무너지듯, 눈과 귀에 의지하는 분별이 무너져야 합니다. 자성을 보면, 보는 것으로 눈을 삼고, 듣는 것으로 귀를 삼습니다.

양기 선사의 동참

사는 일에 쫓기다 보면, 어느 날 문득 세상 모든 일이 자기와는 관계가 없는 한갓 허깨비 놀음이라는 생각이 일어납니다. 옛사람은 이런 마음을 도심道心이라고 말했습니다. 도심은 '우리 인생은 그냥 지나치기에는 좀 더 깊은 진실이 있으리라'는 의문입니다. 참다운 가르침은 도심을 깨달음으로 이끌어줍니다.

백 년 전이나 천 년 전의 세상을 돌이켜 보면, 모든 존재의 본성은 뜬구름과 같이 실답지 않다는 사실을 부정할 수 없습니다. 공부를 하다 보면, 만법이 텅 빈 도리를 접하게 됩니다. 그러나 공성空性에 대한 이해가 관념에 머물러 더 이상 나아가지 못하는 수행자를 자주 봅니다.

공이라는 관념에 빠지면, 감정의 기복이 심해집니다. 공한 도리로 모든 경계를 쳐낸다고 하지만, 말하는 사람 자신은 공허합니다. 책임을 짊어져야 할 상황이 오면 공부로 도피해 버립니다. 옛사람들은 이런 경계를 단멸斷滅이라고 했습니다. 육조대사는 백가지 생각을 하지 않거나 생각 자체를 없애는 것은 옳지 않으며,

자성을 보지 않고 빈 마음으로 앉아 있는 것 또한 옳지 않다고 했습니다. 선악과 시비를 따지는 마음을 쉬고 자기의 본성을 보아야합니다.

"미혹한 사람이 만약 깨쳐서 마음이 열리면 큰 지혜 가진 사람과 더불어 차별이 없다. 그러므로 깨치지 못하면 부처가 곧 중생이요, 한 생각 깨치면 중생이 곧 부처임을 알아야 한다. 모든 만법이 다 자기의 마음 가운데 있음을 알아야 한다. 어찌하여 자기의 마음에서 단박에 진여본성을 보지 못하는가(何不從於自心 頓見眞如本性)? 보살계경에 이르기를 '나의 본래 근원인 자성은 청정하다'고 하였다. 마음을 알아 자성을 보는 것(識心見性)이 곧 스스로 불도를 이루는 것이다. 유마경에 이르기를 '당장에 탁 트여 본래의 마음을 되찾는다'고 하였다."

(『돈황본 육조단경』 17. 견성)

양기방회는 임제종 양기파의 시조입니다. 우리 조계종의 뿌리도 임제종 양기파입니다. 양기 선사는 평소 공부가 깊었으나, 아는 사람이 적었습니다. 선사는 거처하는 방이 헐고 벽이 무너져도 주위 사람들에게 그대로 두게 하였습니다. 하루는 눈이 내리자 대중에게 게송으로 설법하였습니다.

내 잠시 머무는 집 담벼락은 헐었고,

책상 위에는 진주빛 흰 서리가 가득하다.

추위에 목을 움츠리고 가만히 숨을 내쉬며,

옛사람이 나무 밑에서 지내던 일을 떠올리노라.

楊岐乍住屋壁疎　滿牀盡布雪珍珠

縮却項暗嗟噓　翻憶古人樹下居 (『임간록』)

양기 선사는 오직 옛사람들이 나무 밑에서 정진하는 모습을 떠올리며, 스스로 누릴 수 있는 편의와 유혹을 물리쳤습니다. 선사의 시는 공부에 어려움을 겪을 때마다 용기를 줍니다. 진실한 도반이 있어야 공부하는 사람이 많이 나오는 법입니다.

양기 스님께서 법좌에서 내려오자마자 구봉 륵九峰勤 스님이 붙들어 세우고는 말하였다.

"오늘은 기쁘게도 동참同參을 만났소."

"동참하는 일이란 어떤 일입니까?"

"구봉은 쟁기를 끌고, 양기는 고무래를 끄는 것이오."

"바로 그럴 때 양기가 앞에 있습니까, 구봉이 앞에 있습니까?"

구봉스님이 무어라 하려는데 스님이 밀어젖히면서 말하였다.

"동참이라 하렸더니 그게 아니었군." (『양기록』, 장경각)

동참은 깨달음과 수행에 함께 하는 것입니다. 주위를 보면 사찰의 규모나 대중의 숫자, 그리고 스승의 지명도 등에 동참하는 일이 많습니다. 누구를 만나도 취하고 버림이 없고, 어디를 가도 시비를 따지지 않아 어긋남이 없는 것이 진정한 동참입니다. 그러므로 동참에는 밥 먹고 물 마시는 자성이 투철하게 드러나야 합니다.

　우리의 참 성품이 무엇인지 묻고 참구하는 것이 마음공부입니다. 이 공부는 세상 일이 한낱 뜬구름처럼 보여야 들어갈 수 있으니, 부와 권력과 명예에 탐닉해서는 다가갈 수 없습니다. 쫓기는 삶에서 벗어나 마음의 평화를 얻기 위해서는 고개를 돌려 자기의 본성을 찾아야 합니다. 이 일은 곧 헛된 꿈에서 깨어나는 일이기도 합니다.

수처작주

"나를 이롭게 하려고 생각하지 말라.
나는 이익을 구하지 않는다.
나를 칭찬하려고 생각하지 말라.
나는 칭찬을 바라지 않는다."

방 거사가 남긴 화두

대혜종고 선사가 가장 애송한 시는 방 거사가 남긴 두 구절 게송
입니다. 대혜의 스승 원오 선사가 남긴 서간 중에 방 거사의 게송
에 대한 인연이 실려 있습니다.

"듣지 못했습니까? 방거사가 성태(聖胎; 깨달음의 경지)를 길러
가며 행각할 때, 우적 상공에게 남겼던 말씀을. 방 거사는 이렇
게 말했습니다.

다만 있는 것들을 비우기를 바랄지언정,(但願空諸所有)
함부로 없는 것들을 채우지 말라.(愼勿實諸所無)

그리고는 거사는 상공의 무릎을 베고 누웠다가 이내 세상을 떠
났습니다."(『원오심요』 56. 전차도 학사에게 드리는 글)

방 거사는 중국 당나라 때 양양에 살았습니다. 아버지가 형양

의 태수를 지내 어려서부터 부귀를 맛보았습니다. 그는 또한 재산이 많은 사람이었습니다. 그러다 어느 날 생사를 넘어서는 도리를 맛보고는 사람이 달라졌습니다. 방 거사는 평생 모은 재산을 모두 동정에 있는 상강湘江에 모두 쏟아 버리고, 교외에 오두막을 짓고 살았습니다. 부인과 아들 딸 등 온 가족이 조리를 팔며 생업을 삼았습니다. 온 식구가 함께 수행하며 화목하게 지냈으니, 세상은 도인 집안이라고 칭송하였습니다.

방 거사는 재가수행자로서 석두와 마조를 찾아 깨달음을 얻었습니다. 그리고 당대의 선지식들을 방문하며 공부의 깊이를 더했습니다. 임종을 맞아 방 거사에게 무릎을 내준 상공 우적은 양양의 태수로 있을 때 방 거사와 인연을 맺어 오랜 도반으로 지냈습니다. 우적은 매우 강직한 사람이었습니다. 『선문염송』은 우적에 대한 이야기를 이렇게 전합니다.

우적이 양양襄陽으로 부임하였을 때, 형벌이 매우 지독해서 법을 어긴 자는 모두 죽었다. 그가 『관음경觀音經』을 읽다가 의심나는 곳이 있어서 자옥 선사를 찾아가서 물었다.
"어떤 것이 검은 회오리바람이 불면 배가 나부껴 나찰귀羅刹鬼의 국토(바다 가운데 있으며, 사람들을 잡아먹고 사는 곳)로 밀리게 하는 것입니까?"
자옥이 소리를 높여 말하였다.
"우적 뜨내기야, 그런 것은 물어서 무엇 하려는가?"

우적이 성을 내자, 자옥이 말하였다.

"그것이 바로 검은 회오리바람이 불면 배가 나부껴 나찰귀의 국토로 밀리게 하는 것입니다."

이에 우적이 깨친 바가 있었다. (『선문염송』, 동국역경원)

우적은 법을 집행하는 데 매우 잔인했습니다. 그러나 상공 우적은 이 일이 있고 나서 자옥 스님과 약산 선사를 만나 평생의 짐을 내려놓았습니다. 또한 방 거사와도 도반의 우정을 나누었습니다.

방 거사는 우적에게 "다만 있는 것들을 비우기를 바랄지언정, 함부로 없는 것들을 채우려 하지 마소."라고 한마디를 하고는 우적의 무릎을 밴 채 잠자는 듯 이내 숨을 거두었습니다. 방 거사는 잠이 올 때는 잠을 자고, 갈 때가 되면 흔연히 가는 모습을 보여주었습니다. 방 거사의 마지막 말과 행동은 상공 우적뿐만 아니라 오늘 우리에게도 진정한 자유가 무엇인지 생각하게 하는 큰 화두입니다. 겉으로 꾸미는 자유는 잠시 남을 속일 수는 있어도 자기마저 버려야 하는 죽음 앞에서는 오래지 않아 무너집니다.

마음속에 있는 것들을 비우기는 참 어렵습니다. 반대로 원래 빈 마음에다 이것저것 채우기는 쉽습니다. 환한 것을 얻기는 쉬워도, 빽빽하게 구멍을 막는 일은 어렵습니다. 간화선을 제창한 대혜 선사는 이 두 구절만 알면, 평생 참선하는 일을 마친다고 했습니다. 방 거사의 게송을 찬찬히 외우면, 문득 법당에서 향 올리는 사람을 만나게 됩니다.

방 거사의 일용게

방 거사(?~808)는 세상에서는 유마 거사의 화신이라고 하지만, 그의 삶을 보면 오히려 평생 도를 구하고 선지식들을 찾아 함께 탁마한 구도자입니다. 방 거사가 석두 선사의 인가를 받는 장면을 보면, 거사가 얼마나 치열하게 수행했는지 알 수 있습니다.

하루는 석두 선사가 방 거사에게 물었다.
"그대는 이 노승을 만난 이후 일용사가 어떠한가?"
"만약 누가 일용사를 묻는다면 입을 열 곳이 없습니다."
"그대가 그런 경지에 있음을 내가 알기에 짐짓 물었다."
(『방거사어록』)

오직 알음알이를 내려놓고 자기 부처에 귀의한 수행자는 다시 입을 열 곳이 없습니다. 석두는 방 거사가 비록 속인이지만, 이미 이 소식을 얻었다고 인정합니다. 이에 방 거사는 석두에게 자신의 심경을 담은 게송을 지어 바칩니다. 게송은 가히 방 거사의 일용게日用偈라고 할 만합니다. 방 거사의 게송에는 스승 석두의 가르침이 그대로 녹아 있습니다. 오늘 우리가 천년을 넘어 석두 선사와 방 거사의 속을 더듬을 수 있으니, 참으로 고마운 인연입니다. 다음은 방 거사가 석두에게 바친 시입니다.

> 내가 매일 하는 일은 별다른 것 없으니,
> 내 짝과 어울려 잘 지낼 뿐이라오.
> 누구를 만나도 취하고 버림 없으며,
> 가는 곳마다 어긋남이 없도다.
> 붉은색이니 자주색이니 누가 이름 붙였는고,
> 산에는 티끌 한 점 자취가 끊어졌다.
> 신통과 묘용이여,
> 물 긷고 나뭇짐 나르는 일이라네.
> 日用事無別　唯吾自偶諧　頭頭非取捨　處處勿張乖
> 朱紫誰爲號　丘山絶點埃　神通幷妙用　運水及搬柴
> (『방거사어록』)

자기 성품을 알면 배고프면 밥 먹으며, 목이 마르면 물 마실 뿐입니다. 여기에 이르면 자성과 더불어 붙지도 않고 떨어지지도 않으며, 바람도 통하지 않아, 오직 무쇠와 같은 사람이 됩니다. 자기 성품을 볼수록 밥 먹고 물 마시는 그 속에 깊은 질서가 있음을 보게 되어, 바깥으로 들어오는 경계와 점점 멀어집니다. 방 거사의 시를 보면 석두에게서 얻은 공부가 한 점 숨김없이 잘 드러나 있습니다.

> 내가 매일 하는 일은 별다른 것 없으니,
> 내 짝과 어울려 잘 지낼 뿐이라오.

방 거사는 자기의 성품을 '자기의 짝(自偶)'이라고 표현했습니다. 참으로 자성을 경험한 내적 체험을 진솔하게 보여줍니다. 자기 부처를 따르는 사람은 누구를 만나도 상대에 대해 '좋다, 나쁘다'를 분별하지 않아 취하거나 버리는 일이 없습니다. 가는 곳마다 나와 남을 차별하지 않아 서로 어긋나는 일이 없습니다.

> 누구를 만나도 취하고 버림 없으며,
> 가는 곳마다 어긋남이 없도다.

우리의 성품은 그 속에 깊은 지혜를 갖추고 있지만, 삶 속에서 이처럼 숨김없이 자기의 얼굴을 보여줍니다. 그러므로 자성을 본 사람은 스스로 자족함을 얻어, 다시는 다른 곳에 눈을 돌리지 않습니다.

> 붉은색이니 자주색이니 누가 이름 붙였는고,
> 산에는 티끌 한 점 자취가 끊어졌다.

178

주朱는 붉은색이며, 자紫는 자줏빛입니다. 주와 자에 대해서는 다양한 해석이 가능하지만, 고대 중국에서는 정색正色과 간색間色을 각각 나타낸다고 보아, 정과 사(正邪), 시와 비(是非), 선과 악(善惡)의 의미로 표현했습니다. 사람들은 선악과 시비를 따지며 분주하지만, 산에는 분별의 자취가 끊어졌습니다. 산속에는 티끌 한 점도 끊어졌다는 구절은 빽빽하여 바람도 통하지 않는 방 거사 자신의 무심한 경지를 은근하게 드러내고 있습니다.

신통과 묘용이여,
물 긷고 나뭇짐 나르는 일이라네

물 긷고 나뭇짐 지는 일이 곧 신통과 묘용입니다. 방거사의 게송은 성품을 보고 성품을 쓰는 자신의 일용사日用事를 진솔하게 그리고 있습니다. 석두 스님은 방 거사에게 출가할 뜻이 있는지 물었습니다.

석두는 방 거사의 게송을 듣고는 고개를 끄덕이며 말했다.
"그대는 출가자의 옷을 입을 것인가, 속인의 옷을 입을 것인가?"
"제가 뜻하는 대로 하고자 합니다."

방 거사는 끝내 출가하지 않았습니다. 평생 조리를 만들어 팔며 생업을 이었고, 온 식구가 함께 수행을 하며 눈 밝은 삶을 살았습니다.

임성합도

사회적 명예나 찬사를 뒤로하고, 알아주는 이 없이 묵묵히 수행하는 일은 쉽지 않습니다. 이런 일은 자기 스스로 마음속에 단단한 신심이나 가치관이 있어야 합니다. 수행은 자기 발밑을 보는 일입니다. 그러나 자칫 세상의 관심을 끌기 위해 극단적인 고행으로 치닫는 수행자가 나타나기도 합니다. 고행이 깨달음에 도움이 되지 않고, 오래 가지도 못하는 것은 부처님이 이미 말씀한 바 있습니다. 명예와 찬사를 얻기 위해 잠시 고행을 할 수는 있어도, 결국 감추어진 위선이 드러나고야 마는 예를 자주 볼 수 있습니다.

몇 달 전 우연히 큰 수행단체의 지도자를 가까이서 본 적이 있었습니다. 그는 자신이 얼마나 남을 위해 봉사하며 스스로 적은 돈으로 생활하는지 강조했습니다. 가난한 이들을 돕는 수행자답게 도덕적 당당함이 있었지만, 그 속에는 큰 단체의 대표로서의 권위의식이 숨어 있었습니다. 권위는 명예와 칭송을 구하는 세속적 태도입니다. 명예나 찬사를 구하는 까닭은 아직 수행에서 기쁨을 발견하지 못했기 때문입니다.

부처님은 안으로 기쁨을 누리는 자는 바깥 명예에 마음을 쓰지 않는다고 했습니다. 어느 날 부처님은 '일사능가라'라는 마을에 들렀습니다. 마을에 부유한 사람들이 많았던지 동네 유지들이 다투어 부처님을 초대해서 공양하려고 했습니다. 밖에서 서로 다투는 소리가 들릴 지경이었습니다. 제자 나제가는 부처님께 간청했습니다.

"세존이시여, 이 일사능가라 마을의 모든 찰리(끄샤뜨리야)와 바라문과 장자들이 제각기 한 솥의 밥을 지어 동산 숲 속에 가져다 놓고 저마다 '내가 먼저 세존께 공양하리라.'고 하며 외치고 있습니다. 바라옵건대 세존께서는 저들의 밥을 받아주소서."
부처님께서 나제가에게 말씀하셨다.
"나를 이롭게 하려고 생각하지 말라. 나는 이익을 구하지 않는다. 나를 칭찬하려고 생각하지 말라. 나는 칭찬을 바라지 않는다. 나제가야, 만일 여래처럼 멀리 벗어남·고요함·깨달음의 즐거움을 얻었다면, 어떻게 그런 곳에서 생기는 즐거움을 맛보거나 구하려 하겠느냐?"(「나제가경」, 『잡아함경』 제47권)

나제가는 부처님에게 부유하고 세도가 있는 사람들을 만날 것을 간청했습니다. 그런 사람들과 관계를 맺으면 명예와 환대가 얻어지기 때문입니다. 더구나 당시 탁발하는 수행자의 입장에서는 힘 있는 신도를 갖는 것은 밥을 얻기에 좋을 뿐만 아니라 교세에도 큰 힘이 되는 일이었습니다. 그러나 부처님은 '멀리 벗어남(遠離; 멀리 여읨)', '고요함(寂滅)', 그리고 '깨달음의 즐거움'을 맛보면 명예나 이익 등 세속적인 즐거움을 돌아보지 않는다고 말씀했습니다. 나제가에게 수행자가 가야 할 길이 무엇인지 일깨운 부처님의 가르침은 오늘 우리에게도 큰 죽비입니다.

양자거陽子居는 세상에 널리 알려진 학자입니다. 양자거는 노자를 만나고자 했으나 번번이 길이 엇갈렸습니다. 곡절 끝에 양자거는 마침내 노자를 만났습니다.

양자거는 위나라의 수도 대량의 성 밖에서 기다리다가 마침내 노자를 만났다. 성안으로 함께 걸어가는 도중에 노자는 하늘을 우러러 탄식하며 이렇게 말했다

"처음에는 그대를 가르칠 만하다고 생각했는데, 지금 보니 안 되겠소."

양자거는 대답도 하지 못하고 숙소로 돌아와서는, 세숫대야와 양칫물과 수건과 빗을 노자에게 올렸다. 그리고 스스로 문 밖에 신을 벗어놓고 무릎걸음으로 기어와 노자에게 말했다.

"조금 전에 저는 선생님의 말씀을 듣고서 여쭈고자 했지만, 걸어오시는 도중이라 감히 말씀드리지 못했습니다. 지금은 한가하시니, 저를 꾸중하신 까닭을 알고 싶습니다."

노자가 말했다.

"그대는 눈을 부릅뜨고 오만하니, 누가 그대와 더불어 지내려

하겠소? 참으로 흰 것은 때가 타 보이고, 큰 덕은 모자라 보이는 법입니다(大白若辱 盛德若不足)."

양자거는 송구스러운 듯, 얼굴빛을 바꾸면서 말했다.

"삼가 가르침을 받들겠습니다."

양자거가 전에 여관에 갔을 때는 여관에서 묵는 사람들이 그를 맞이하였고, 여관 주인은 그를 위해 잠자리 시중을 들었으며, 주인의 처는 수건과 빗을 갖다 주었다. 여관에 묵는 사람들은 그를 보면 자리를 양보했고, 불을 쬐던 사람들도 그를 보면 화로를 양보했다. 그러나 이번에 그가 노자를 만나고 돌아올 때는, 여관에 묵는 사람들이 그와 자리를 다투었다.

(『장자』 잡편 우언편)

중국의 춘추전국 시대 당시에는 재주나 학식이 있는 선비는 왕에게 초빙되어 벼슬을 얻는 일이 많았습니다. 양자거가 여관에 나타나자 여관 주인은 마치 귀한 손님을 대하듯 공손하게 대접했습니다. 양자거의 모습에서 장차 벼슬을 할 사람의 권위를 본 것입니다. 하찮은 수입으로 사는 여관 주인이 이렇게 하니, 여관에 묵는 사람들은 따뜻한 화로에 상석을 양보하는 등 양자거에게 갖은 예를 다했습니다.

사람의 기운을 억지로 누르면 반드시 튀어 오르는 법입니다. 생명 속의 자연은 살아 있습니다. 권력이나 명성으로 누르면 당장은 상대방이 머리를 숙이겠지만, 결국 세도가 다하면 거꾸로 사람들로부터 해를 입기 마련입니다. 처음 양자거가 노자를 만나려고 했을 때, 노자가 피한 까닭도 여기에 있었습니다. 양자거의 앞날을 본 것입니다. 양자거가 노자의 가르침을 받고 나서 다시 여관에 갔을 때는 사람들은 더 이상 양자거를 알아보지 못했습니다. 권위나 명예를 버린 사람만이 생명을 존중할 수 있으며, 마음을 비운 사람만이 자연이 주는 조화를 흔연히 누릴 수 있습니다.

『신심명』을 남긴 승찬 대사는 "도에 이르는 길은 어렵지 않으니, 오직 간택揀擇을 멀리하라."고 했습니다. 수행자가 명예나 이익 등 외물外物에 눈을 돌리는 것은 오직 애착과 혐오가 아직 마음에 남아 있기 때문입니다. 명예와 재물만큼 애착을 가져오는 것은 없습니다. 아무것도 없는 처지를 혐오하는 것은, 명예나 재물이 없으면 남의 관심을 끌지 못하는 하찮은 존재가 된다는 두려움에 묶여 있기 때문입니다.

명예와 재물을 붙잡으면 법도를 잃어,
반드시 삿된 길로 들어선다.
모두 놓아버리면 자연스럽게 되리니,
몸이 분주하게 오가고 머무는 것이 없어진다.
執之失度 必入邪路 放之自然 體無去住 (승찬 대사『신심명』)

명예와 찬사를 내려놓는 일은 지금 누리는 쾌락을 포기하는 일이라 누구에게도 쉽지 않습니다. 오직 무심해야 분주하게 오가는 일에서 벗어날 수 있습니다. 승찬 대사는 무심에서 얻는 흔연한 기쁨을 이렇게 노래했습니다.

아무것도 마음에 두지 않으니, 기억할 것이 없고.
텅 비고 밝아 절로 비추니, 애써 마음을 쓰지 않는다.
一切不留 無可記憶 虛明自照 不勞心力

내면에서 일어나는 모든 일상의 작용을 무심하게 바라보면, 문득 허공과 같이 텅 빈 자기의 성품을 만나게 됩니다. 배고프면 밥을 먹고 목마르면 물 마시는 일을 달리 보게 되며, 나고 죽는 일이 더 이상 나의 일이 아님을 알게 됩니다. 무심無心은 한가한 기쁨을 가져올 뿐만 아니라 이처럼 자기의 본성을 보게 합니다. 텅 비고 밝아 절로 비추는 것(虛明自照)은 무심수행의 핵심이자, 중국 선불교의 정수입니다.

허공과 같이 천지에 두루하고, 모자라지도 넘치지도 않는다.
다만 취하고 버리는 까닭에, 여여하지 못하다.
圓同太虛 無欠無餘 良由取捨 所以不如

성품은 텅 비어 있지만, 그 속에서 일어나는 작용은 본래의 지혜(질서)가 있어서 모자라거나 헛되게 남아도는 일이 없습니다. 그럼에도 성품을 여여하게 보지 못하는 것은 간택하는 마음이 앞서기 때문입니다. 대혜종고 선사는 임종에 즈음하여 제자들이 게송을 부탁하자, '태어나는 것도 다만 이러하고, 죽는 것도 다만 이러할 뿐'이라고 하며, 죽음이니 임종게니 하는 말로 시끄러운 제자들을 엄하게 경책했습니다.

> 성품에 맡기면 도와 하나가 되어,
> 한가하게 소요하며 번뇌가 끊어지고,
> 생각에 매달리면 진실에 어긋나,
> 깜깜한 데 떨어지니 좋지 않도다.
> 任性合道　逍遙絕惱　繫念乖眞　昏沈不好
> (승찬 대사『신심명』)

진실한 성품을 등지고 명예와 권위, 칭송 등에 매달리면 마음이 어두워져 우울, 슬픔, 분노 등 번뇌에 떨어집니다. 자기의 본성을 본 사람은 성품에 맡겨 한가하게 산책하는 기쁨을 얻습니다. 내면의 소요를 아는 사람은 다시는 이런저런 바깥 경계에 매달리지 않습니다.

허응당 보우 대사의 푸른 하늘

가을을 맞아 인근 봉은사를 산책하며 허응당 보우 선사를 생각합니다. 봉은사 입구에는 자비로운 미소를 짓고 있는 보우 스님의 동상이 있습니다. 보우 스님(1509?~1565)은 조선 명종 때 불교의 부흥을 위해 많은 노력을 기울였습니다. 법명은 보우普雨이고, 법호는 나암懶庵이며, 당호는 허응당虛應堂입니다. 봉은사에서는 2013년 10월, 봉은사 중창주로서 보우 스님을 기리기 위해 허응당 보우 대사 봉은탑을 세웠습니다. 스님의 행적을 생각하면 참 다행한 일이지만, 때 늦은 일이라고 하지 않을 수 없습니다.

보우 스님은 1530년 금강산 마하연암에 들어가 수행하다가, 당시 중종이 시행하던 폐불정책으로 절들이 무너지고 스님들이 무고하게 옥에 갇히는 법난을 지켜보았습니다. 불교중흥을 위해 온갖 노력을 다한 스님의 큰 서원도 이때 세운 것이 아닌가 짐작합니다. 스님은 불심이 깊은 문정왕후의 신임을 얻어 명종 3년(1548년)에 봉은사 주지가 되었습니다. 그 후 선종과 교종을 부활시켜 봉은사를 선종의 본산으로, 봉선사奉先寺를 교종의 본산으로 삼았습니다. 이와 더불어, 승과를 부활시키고 도첩제를 다시 실시하게 하는 등, 숭유억불 정책으로 탄압받던 불교의 중흥에 노력하였습니다. 그러나 이러한 스님의 노력은 안타깝게도 문정왕후의 죽음으로 좌절되었습니다. 보우 스님도 유림의 주장에 밀려 승직을 삭탈당하고 제주도로 유배되었다가, 56세인 1565년 제주 목사에 의해 비참하게 죽음을 당했습니다.

선교禪教 양과의 시험제도를 부활시킨 보우 스님은 서산대사 휴정休靜과 그의 제자 사명대사 유정惟政을 배출하였습니다. 휴정과 유정 두 스님은, 잘 아시다시피, 그 후 일어난 임진왜란(1592년)에서 나라와 백성을 지키는 큰 보살행을 합니다. 전쟁이 끝난 뒤, 사명 대사는 아무도 가지 않으려는 일본에 가서 강화조약을 맺었습니다. 그리고 오는 길에 전쟁 중에 잡혀간 우리 백성 3,500여 명을 데리고 돌아왔습니다. 이 모든 선근을 일찍이 보우 스님이 심은 것입니다.

보우 스님이 활약했던 시대는 조광조, 퇴계 이황, 율곡 이이와 같은, 조선을 대표하는 유학자들이 활동했던 시기였습니다. 보우 스님은 비록 당시 유생들에게는 요승으로 몰려 온갖 핍박을 받았지만, 스님이 지은 시를 보면, 선사로서의 면모가 당당합니다. 아래 스님의 시를 보면 가히 선사의 오도송이라고 할 만합니다. 시의 제목은 '꿈을 깨고 나서, 스스로 행복함을 이기지 못해, 시 한 수를 읊어 마음에 터득한 것을 보인다(夢破餘 不勝自幸 快詠一律 以示心知)' 입니다.

이 도리를 궁리하느라 선방 문빗장을 걸었더니,

만법을 하나로 꿰는 묘한 도리가 홀연히 밝아지네.

모습이 없어 최씨, 정씨, 박씨라고 이름 붙일 수 없고,

신령함이 있어 능히 말과 소와 고래의 몸통이 된다.

겨울엔 춥고 여름에 더우니 하늘의 들숨과 날숨이요,

낙엽 지고 꽃이 피니 땅의 나고 죽음이로다.

삼라만상이 모두 다 자기인데,

어찌 구태여 집을 나서 부질없이 바쁘게 다니리오.

欲窮斯道掩禪局　一貫千殊妙忽明

無相可名崔鄭朴　有神能體馬牛鯨

冬寒夏熱天呼吸　葉落花開地死生

萬像森羅都自己　何須出戶謾馳行

'삼라만상이 모두 나(자기)인데, 다시 무슨 출가와 바쁜 행각이 필요한가?'라고 묻는 선사의 살림살이는 참으로 방안에 앉아서 쇠꽃(鐵花)을 키우는 사람입니다. 다음은 보우 선사의 임종게입니다. 스님은 당신을 허깨비 사람(幻人)이라고 표현했습니다. 허깨비(幻)는 일체 유위법을 '몽환포영(꿈 허깨비 물거품 그림자)'으로 보라고 한 『금강경』 법문에서 볼 수 있듯이, 만법이 다 허망하고 근본이 공空한 것을 뜻하는 말입니다.

　허깨비 사람이 나와서 허깨비 고을에 들어

오십여 년을 미치광이 노릇을 했다네.

인간의 영욕을 다 겪고 나서는

중의 탈을 벗고 푸른 하늘에 오른다.

幻人來入幻人鄕 五十餘年作戱狂

弄盡人間榮辱事 脫僧傀儡上蒼蒼

보우 선사의 임종게는 한 물건도 없는 자리를 그대로 드러내는 선의 도리이자, 중생을 위해 자신의 모습을 거침없이 굴리는 보살도를 보여줍니다. 스님은 금강산에서 공부하는 것에서 시작하여 문정왕후를 만나 불교를 중흥한 일, 그리고 유생들의 모함으로 비참하게 죽음을 당하는 등 평생의 영욕을 형형한 선禪의 안목으로 그려냈습니다. 참으로 생사를 초탈한 경지가 아니면 나올 수 없는 말입니다. 옛 사람이 말한 것과 같이 '가없는 허공에서 한 구절이 오니, 거북털 토끼뿔이 하늘과 땅에 가득하다(無邊虛空一句來 龜毛兎角滿乾坤)'는 소식입니다.

보우 선사의 임종게 중 마지막 구절 '중의 탈을 벗고 푸른 하늘에 오른다(脫僧傀儡上蒼蒼)'는 참으로 읽은 이의 눈을 번쩍 뜨게 합니다. 스님은 가는 것도 없고, 오는 것도 없으며, 또한 머무름도 없는 도리(無去無來亦無住, 금강경)를 활짝 드러냈습니다. 그러므로 이 구절을 혹 혼백이 허망하게 하늘에 오른다고 해석한다면, 문학적 해석으로는 좋다고 할 수 있어도, 삼라만상을 자기로 삼는 스님의 경지를 드러내기에는 부족하다고 하지 않을 수 없습니다.

보우 선사가 종적을 감춘 푸른 하늘은 머리 위 하늘에 있지 않습니다. 온 허공이 보우 선사의 몸이라고 해도 아직 답답한 말입니다. 인간의 영욕을 모두 보여준 보우 선사는 아직 금강산 마하연암에서 한 걸음도 옮기지 않았습니다.

사명당 대사의 골계도

사명당 대사는 바람을 부르고 비를 자유자재로 내리게 하는 신통한 도승으로 널리 알려져 있습니다. 대사께서 일본에 갔을 때 간사한 일본사람들이 대사의 도력을 시험하느라 밤새도록 방에 불을 때고 아침에 보았더니 방안에는 고드름이 얼어 있고, 대사는 도리어 방안이 왜 이렇게 춥냐고 꾸짖었다는 등 일화가 참 많습니다. 듣기만 해도 통쾌한 대사의 신통 이야기는 당시 혼란한 세상에 백성들이 얼마나 대사를 의지했는지 잘 보여줍니다.

사명당 유정 스님은 불교뿐만 아니라 유학과 도가에도 조예가 깊은 분입니다. 1544년에 태어나신 스님은 법명은 유정惟政이며, 자는 이환離幻입니다. 스님에게는 송운松雲이라는 호도 있지만, 세상에는 사명당泗溟堂의 호로 더 잘 알려져 있습니다. 아버지가 별세하자 15살의 나이로 김천 직지사로 출가하여 신묵 스님의 제자가 되었습니다. 3년 뒤 18세에 승과에 합격하고는 많은 유생들과 교유하였습니다. 특히 당시 재상인 노수신으로부터 노자, 장자, 열자 등 도가서와 시를 배웠습니다. 사명당 문집을 읽기 어려운 것은 이처럼 선사의 학문이 넓고 깊기 때문입니다.

스님은 선조 8년(1575) 31살 때 봉은사의 주지로 천거되었으나 사양하고, 묘향산 보현사의 서산대사 휴정을 찾아 선을 닦았습니다. 이윽고 42살에 옥천산 상동암에서 깨달음을 얻었습니다. 임진 왜란이 일어나자 스승 서산 대사를 따라 승병을 이끌고 왜적을 물리친 일은 세상이 다 아는 일입니다.

임진왜란이 일어난 지 12년이 지난 선조 37년(1604) 2월, 스승의 부음을 듣고 묘향산으로 가던 중, 일본에 사신으로 가달라는 임금의 명을 받았습니다. 유교를 근본으로 하는 나라에서 승려를 나라의 대표로 보낸 것입니다. 그 해 8월 20일, 유정 스님은 노구 (60세)를 이끌고 일본을 향해 배를 탔습니다. 대사는 일본에 머물면서 일본 정부와 여러 차례 회담을 가졌으며, 일본 스님과도 만나서 법담을 나누었습니다. 일본의 민중들은 사명당 대사를 살아 있는 부처로 대접했습니다.

스님은 다음해 5월 귀국길에 올랐는데, 이때 전쟁에 끌려간 우리 백성 1,500여 명을 데리고 돌아왔습니다. 동원된 선박만 40척이었습니다. 1,500명은 당시 교통사정을 생각하면 참으로 놀라운 규모입니다. 『사명당대사집』에 보면, 일본에서 돌아온 후에도 스님은 계속 일본과 접촉하여 포로송환을 위해 노력했습니다. 2년 뒤에는 당시 조선 정부가 다시 1,500여 명을 더 데리고 오게 되어, 모두 3,000여 명의 포로가 노예생활에서 벗어나 고국으로 돌아오게 되었습니다.(일설에는 3,500여 명이라고도 합니다.)

노예로 끌려간 백성들을 데리고 돌아온 대사의 행적은 실로 대승보살의 길입니다. 여기에는 스승 서산대사의 유촉이 있었습니다. 서산 대사와 스님은 참으로 선과 보살행이 둘이 아닌 모습을 보여주었습니다.

스님은 일본에 갔을 때 일본의 선사들과 선의 종지에 대해 법담을 나누었는데, 그 인연으로 고국에 돌아와서도 그 스님들에게 편지를 보내 일본에 잡혀 있는 우리 백성들의 소환을 부탁했습니다. 다음은 대사께서 일본의 선승 원길(겐끼츠, 元佶, 1548~1612)에게 보낸 편지인데, 이 편지는 스님이 입적하기 두 해 전인 1608년 봄에 쓴 것입니다.

"서역에서 온 노래 한 곡 일찍이 형들과 함께 불렀었지요. 잠깐 만나고 꿈길처럼 헤어진 것이 바로 어제만 같거늘, 그 사이 두 번이나 봄과 가을이 바뀌었습니다. 멀리서 생각해 보아도 노형老兄들은 무위진인無位眞人의 면목으로 능히 큰 광명을 내어 그 섬의 백성들을 구제하고 있으리니 참으로 놀랍고도 장한 일이시오. (중략)

나의 원래 소원은 그저 우리나라 백성들을 모두 데리고 돌아옴으로써 "생령을 두루 구제하라"고 하신 선사(先師, 서산대사)의 명령을 수행하는 것 그것뿐이었습니다. 그러나 끝내 그 원을 이루지 못하고 빈손으로 돌아왔으니 참으로 서운하였습니다. 나는 고국으로 돌아온 뒤로 몸이 몹시 병들고 쇠약해져서 곧바로 묘향산에 들어가 꼼짝도 않고 죽기만을 기다리고 있답니다.

(중략)

부디 형께서는 본래 가지신 그 좋은 뜻을 저버리지 마시고, 중생을 구제한다는 원으로써 대장군에게 아뢰어 주십시오. 우리 백성들을 모두 고국으로 돌려보내 주심으로써 노형께서 전날 하신 그 맹세를 어기지 않으신다면 참으로 다행한 일이겠습니다. 부디 이 변변찮은 물건이나마 웃으며 받아 주시기를 바라면서 이만 편지를 줄입니다."(『사명당대사집』 제6권, 동국역경원)

『사명당대사집』에는 일본 선소仙巢 스님에게도 같은 내용의 편지를 보낸 기록이 있습니다. 우리 백성들을 구하기 위해 스님이 만년까지 얼마나 많은 노력을 기울였는지 잘 알 수 있습니다.

"(중략) 나는 서쪽으로 돌아온 뒤로 몸이 약해지고 병이 찾아와서, 그대로 묘향산으로 들어가 스스로 분수를 지키면서 죽기만을 기다리고 있었습니다. 지난번에 나는 선사(서산대사)의 명령을 받고 남쪽으로 귀국의 섬에 갔다가 형과 유천과 함께 일본 본토로 들어갔었습니다. 서소장로西笑長老와 원광圓光장로 및 오산五山의 여러분들과 종지를 담론하여 그 유래를 구체적으로 밝혔으니, 아름답기는 참으로 아름다운 일이었습니다. 그러나 내 본래의 원을 이루지 못하고 돌아왔기에 그 서운함을 어쩔 수가 없었습니다. 오직 원하기는 형께서 더욱 마음을 써서 우리 백성들을 모두 돌려보내 주심으로써 전날의 기약을 저버리지 않도록 하신다면 참으로 다행이겠습니다. 변변찮으나마 이 물건을 웃으며 받아 주기를 바라면서 이만 그칩니다."

몇 달 전 가까운 후배가 책을 몇 권 보내주었습니다. 그중에는 사명당 대사의 문집과 일기가 들어 있었습니다. 특히 눈길을 끈 것은『송운대사 분충서난록』이었습니다. 유학자 김중례가 쓴 서문에는 이 책이 세상에 나오게 된 인연이 적혀 있었습니다.

송운(사명) 대사께서 입적한 후에 문집을 낼 때입니다. 법제자인 남붕 스님이 대사의 일기를 가져왔는데, 표지에는 골계도滑稽圖라는 제목이 붙어 있었습니다. 골계滑稽는 해학, 또는 풍자를 뜻하는 말이니, 세상사를 풍자하는 우스개 이야기입니다. 해서 골계도는 '한바탕 웃으면서 보는 책(자료, 기록)' 정도로 해석할 수 있겠습니다.

당시 서문을 쓴 유학자 김중례가 대사의 일기를 열어 보니, 놀랍게도 사명 대사께서 임진왜란 중에 왜장 가등청정을 상대로 회담을 벌이면서 쓴 적정의 정탐 및 상소문과 일본의 스님들에게 보낸 편지 등 중요한 문서가 많았습니다. 김중례는 '골계도'가 제목으로 적당하지 않다고 생각하여, 생각 끝에 스스로 제목을 '송운대사 분충서난록奮忠紓難錄'으로 바꿨습니다. 이는 '송운(사명당) 대사께서 충성심을 떨쳐 나라의 어려움을 덜어준 기록'이라는 뜻입니다. 선승禪僧의 눈으로는 한바탕 웃으면서 보는 책이지만, 유학자의 눈에는 임금에 대한 충성심으로 국난을 이겨낸 기록으로 보인 것입니다.

일찍이 서산 대사는 시 한 수로 역적을 모의한다는 누명을 쓰고 옥살이를 했습니다. 그 시는 선승의 눈으로 세상사를 읊은 것입니다.

만국의 도성들은 개미굴이요
천하의 호걸들도 하루살이로다.
창문에 뜨는 밝은 달을 베고 누우니
끝없는 솔바람 소리 어지러이 들리네.
萬國都城如蟻垤　千家豪傑若醯鷄
一窓明月淸虛枕　無限松風韻不齊

어느 박복한 사람이 임금의 총애를 얻고자 이 시를 반역의 혐의가 있다고 고자질을 한 것입니다. 세상사를 개미굴이요 하루살이로 보았던 선승들의 세계를 어찌 충효를 논하며 공훈을 따지는 속세의 선비들이 짐작할 수 있을까요.

『금강경』 마지막 구절에서 부처님은 일체 만법을 꿈이나 환상, 물거품이나 그림자(一切有爲法 如夢幻泡影)로 보라고 법문했습니다. 세상을 이처럼 실답지 않은 것(空)으로 보았기 때문에 서산대사 휴정 스님은 전쟁이 끝나자 금강산으로 들어갔고, 사명당 유정 스님은 벼슬을 권하는 임금의 손길을 사양하고 다시 산으로 돌아갔습니다. 두 스님 모두 전란 중에 나라를 위해 쌓은 공훈을 누구에게도 묻지 않은 것입니다. 세상을 위해 온갖 어려움을 무릅쓰고 해야 할 일을 하는 일도 어렵지만, 일을 마치고 나서 미련 없이 자신의 종적을 감추는 일은 더욱 어려운 일입니다.

마지막으로 사명당 대사의 시 한 수를 읽어봅니다. 이 시는 대사께서 일본에 있을 때, 도꾸가와 이에야스(덕천가강)의 큰아들이 대사의 설법을 듣고 재삼 한마디를 청하자, 대사께서 지어준 시입니다.

> 큰 허공은 넓고 넓어 무진장인데,
> 그 아는 성품은 고요하여, 냄새도 없고 소리도 없다네.
> 지금 성성하게 설법을 듣고 있는데, 무얼 번거롭게 묻는가?
> 구름은 푸른 하늘에 있고, 물은 병 속에 있다오.
> 一太空間無盡藏　寂知無臭又無聲
> 只今聽說何煩問　雲在靑天水在甁
> (『사명당대사집』 제7권)

옛 선사들은 우리 본래의 성품을 허공(太虛)이라고 표현했습니다. 성품은 속이 텅 비어 있어 한 물건도 없기 때문입니다. 그러나 허공은 능히 인연에 따라 끝없이 천지만물을 내고 거두어들이니, 마르지 않는 곳간(무진장)입니다. 노자는 '하늘의 그물은 성글어도 절대 놓치는 법이 없다.'고 했습니다.(도덕경 73장) 작은 기미

하나도 놓치지 않는 허공의 성성한 '아는 성품(知)'은 고요하여 냄새도 소리도 없습니다.

이렇게 도의 대강을 설명한 스님은 셋째 구절에서 읽는 이의 눈을 번쩍 뜨게 합니다. 스님은 설법을 듣고 다시 한마디 더 청하는 덕천의 아들에게 '지금 성성하게 설법을 듣고 있는데 다시 무얼 의심하느냐?'고 추상같은 법문을 던졌습니다. 설법을 듣고 이리저리 궁리하는 청년의 눈과 귀를 막아 버렸습니다. 막힌 숨통은 스스로 틔어야 합니다. 만약 이 셋째 구절을 '설법을 다 들었으면 이해가 됐을 텐데 다시 무슨 의문이 있느냐?'고 해석한다면 스님의 형형한 선지禪旨를 땅에 파묻는 것입니다.

오늘 우리 주위를 보면, 남이 알아주지 않는다고 분노를 안고 사는 사람이 있는가 하면, 명분이 없는데도 자리를 지키는 사람이 적지 않습니다. 사명당 유정 선사가 벼슬을 사양하고 산에 들어간 것은 부처님의 제자로서 물론 칭송받을 일입니다. 그러나 공부하는 자리에서 말한다면, 달리 보아야 할 점이 있습니다. 단순히 벼슬의 유혹을 뿌리쳤다고만 한다면, 대사의 속을 한참이나 모르고 하는 말입니다. 사양한 것이 아니라 사양하지 않을 수 없었던 것입니다. 만약 임금과 신하가 모인 자리에서 모두 대사를 보고 한바탕 웃어버렸다면, 대사는 부끄러워 얼굴도 들지 못했을 것입니다. 스님이 일기 제목을 '골계도'로 붙인 까닭도 여기에 있다고 하겠습니다.

벼슬로는 스님을 부를 수 없습니다. 설령 온 나라의 땅을 다 내

놓아도 스님이 앉을 방석 하나 깔기에도 궁색합니다. "구름은 푸른 하늘에 있고, 물은 병 속에 있다." 이 마지막 한 구절에 사명당 유정 선사의 평생의 살림살이가 들어 있습니다. 자기 본래의 성품 자리에서는 임금이 유혹한 벼슬도 중생제도의 보살행도 모두 뜬 구름입니다.

부설 거사의 물병

부설 거사는 신라 선덕여왕 때 사람으로, 원래는 어려서 출가한 스님이었습니다. 어느 날 부설 스님은 두 도반과 함께 도를 닦기 위해 오대산으로 향했습니다. 가다가 날이 저물어 지금의 전북 김제의 한 신도 집에서 머물게 되었는데, 그 신도의 딸은 나면서부터 벙어리였습니다. 숙세의 인연이 있어서인지 벙어리 딸은 스님의 법문을 듣고 말문을 열게 됐습니다. 그 딸은 부설 스님을 사모하여 자기와 혼인해주지 않으면 목숨을 끊겠다고 위협했습니다. 부설은 자신이 승려임을 내세워 거절했으나, 부모도 딸의 고집을 꺾지 못했습니다. 부설 스님은 마침내 한 생명을 거두기 위해 부부의 연을 맺었습니다.

세월이 흘러 두 스님은 공부를 마치고 돌아오다 옛 도반인 부설 거사의 집에서 하룻밤을 묵게 됩니다. 두 스님이 공부 자랑을 하자, 부설 거사는 물병을 꺼내 시험하자고 합니다. 세 사람은 병에 가득 물을 담아 처마에 매달아 놓고 병을 깼습니다. 두 스님의 병에서는 물이 그대로 쏟아졌으나, 부설 거사의 깨진 병에서는 물이 흘러내리지 않았습니다. 병이 깨지는 것은 만물이 텅 빈 공空한 이치를 상징합니다. 물이 땅에 쏟아진 것은, 공하다는 이치를 이해했으나 시비·우열·승속·생사 등의 경계를 당하면 평소 공부가 무너져 내리는 것을 나타냅니다. 쏟아지지 않은 부설 거사의 물병은 공한 이치에도 흔들리지 않는 경지입니다.

주위를 돌아보면, 공성의 도리를 공부한 사람이 권위와 교만에 갇혀, 변화하는 현실을 외면하는 경우를 자주 봅니다. 현실의 고통을 대하거나 화두에 대한 도리를 들어도 공허한 침묵이나 문자풀이로 빙어를 힙니다. 참으로 가슴속에서 싱그리운 기운올 얻어야 알음알이와 단멸斷滅을 넘어설 수 있습니다. 부설 거사의 임종게에는 그의 평생 살림살이가 담겨 있습니다.

눈은 보는 바가 없으니 분별이 없고,
귀는 소리를 들음이 없으니 시비가 끊어졌네.
분별과 시비를 모두 내려놓고,
다만 마음 부처를 보고 스스로 귀의하노라.
目無所見無分別　耳聽無聲絶是非
分別是非都放下　但看心佛自歸依

부설 거사의 임종게는 『금강경』의 '응당 머무는 바 없이 그 마음을 내라(응무소주 이생기심)'는 구절과 서로 통합니다. 공부를 많이 한 사람일수록, 그리고 부와 권력이 높은 사람일수록 시비·

귀천·우열의 잣대로 세상을 보기 쉽습니다. 내부와 외부를 나누고는, 위 아래로 구분하여 차별합니다. 국민이나 신도를 하찮은 존재로 여기거나, 자기는 특별해서 무슨 짓을 해도 괜찮다는 관념이 여기서 나옵니다. 수행자 가운데서도 이런 사람을 적지 않게 볼 수 있으니, 수행자일수록 수행의 진정한 도리가 무엇인지 물어야 합니다.

수행은 자기 발밑에서 출발합니다. 수행자는 세상의 옳고 그름에 휘둘리고 이익과 손해의 경계에 빠져 있지는 않은지 스스로 내면을 살펴야 합니다. "눈은 보는 바가 없으니 분별이 없으며, 귀는 소리를 들음이 없으니 시비가 끊어졌네."라고 한 부설 거사의 게송은 참으로 부와 권력 등 바깥 경계에 휘둘리지 않는 마음씨를 보여줍니다. 부설 거사는 여기에 그치지 않고, 마지막 한 구절로 자기의 속을 다 드러냈습니다.

"분별과 시비를 모두 내려놓고는,
다만 마음 부처를 보고 스스로 귀의하노라."

일찍이 육조혜능 대사는 '부처님에게 귀의한다(歸依佛)'는 것은 곧 자성 부처(自性佛)에게 귀의한다는 뜻이라고 말했습니다. 부설 거사의 "다만 마음 부처를 보고 스스로 자기에게 귀의하노라."는 이 한 구절은 길이 끝난 곳에서 한 가닥 푸른 구름이 피어오르는 소식이며, 병이 깨져도 물이 온전한 까닭입니다. 마음이니 허공이니 하는 분별을 모두 놓아야 이 자리가 활짝 드러납니다. 선과 악을 모두 내려놓고 자기 부처에게 귀의한 사람은 하늘과 땅이 무너져도 밥 먹고 물마시며 흔연하게 지냅니다.

배고프면 밥 먹고 추우면 옷 입는 이 자리에는 나와 너, 위와 아래, 이익과 손해, 생과 사 등의 업이 붙지 않습니다. 옛 사람들이 마음을 부처라고 한 까닭이 실로 여기에 있습니다. 부설 거사는 비록 속세에 몸을 의탁해 살았지만, 참으로 눈밝은 재가수행자의 길을 보여주고 있습니다.

왕유의 좌간운기

당나라 때의 시인 왕유(王維, 699~759)는 시와 그림에 뛰어났습니다. 왕유의 시에는 불교의 영향이 많이 나타나 있어 후세 사람들은 '시불詩佛'이라고 불렀습니다. 그는 남종문인화南宗文人畵의 개조開祖로도 알려져 있습니다. 왕유의 작품은 '시 속에 그림이 있고, 그림 속에 시가 있다'라는 칭송을 받았습니다.

왕유는 어머니의 영향으로 독실한 불자가 되었습니다. 왕유의 어머니 최씨는 보적 선사에게서 선禪을 배웠습니다. 보적은 5조 홍인 대사의 법을 이은 신수 선사의 제자입니다. 어머니는 평생 동안 비단옷을 걸치지 않았고, 선을 닦았으며 부귀에 초연했습니다. 왕유가 벼슬에 오른 기념으로 비단옷을 선물로 드렸지만, 끝내 '나는 이미 인욕의 옷을 입고 있다'며 아들의 정성을 거절했습니다.

왕유는 스스로 호를 마힐摩詰이라고 지었습니다. '마힐'은 『유마경』의 주인공 유마(유마힐) 거사의 이름에서 따온 것인데, 왕유가 얼마나 유마경에 심취했는지 알 수 있습니다. 왕유 또한 당대 최고의 선승인 마조와 신회에게서 선을 배웠습니다.

755년 안사의 난이 일어나고, 왕유가 57세가 되는 756년 장안
長安이 점령되자 왕유는 반란군에 사로잡혀 낙양으로 끌려갔습니
다. 이곳에서 그는 벼슬을 받았지만, 탐탁지 않게 여기고 종남산
終南山 기슭에 별장을 짓고는 틈틈이 시간을 보냈습니다. 난이 평
정된 뒤, 왕유는 반란군에게 벼슬을 받았다는 이유로 다시 곤욕을
치르게 됩니다. 다음 「종남별업(終南別業, 종남산의 특별한 일)」은
왕유가 종남산에서 지내는 동안 지은 시입니다.

나이 들어 자못 도를 좋아하게 되어
늘그막에 종남산 기슭에 집을 지었다.
흥이 나면 으레 홀로 나가 다니는데,
비할 데 없이 기쁜 이 일을 누가 알리오.
길을 거닐다 물가에 이르면,
앉아서 때마침 구름이 일어나는 것을 바라보고,
우연히 산에 사는 늙은이를 만나면,
웃고 떠드느라 돌아갈 때를 잊는다.
中歲頗好道　晩家南山陲　興來每獨往　勝事空自知
行到水窮處　坐看雲起時　偶然値林叟　談笑無還期

"길을 거닐다 물가에 이르면, 앉아서 때마침 구름이 일어나는
것을 바라본다行到水窮處 坐看雲起時)", 이 구절은 실로 한 폭의 그

림입니다. 많은 시인들이 이 구절을 즐겨 입에 올렸으며, 화가들은 그림으로 나타냈습니다. 선적인 의미가 깊어 예부터 선승들 또한 즐겨 인용했습니다. 마지막으로 왕유의 시 가운데 특히 선의 도리를 보여주는 「산새가 골짜기에서 우짖다(조명간鳥鳴澗)」라는 시를 올립니다.

사람은 한가하고 계수나무 꽃은 떨어지며,
밤은 고요하고 봄 산은 텅 비었다.
달이 뜨자 산새가 놀랐는지,
골짜기 속에서 때때로 우짖는 소리를 낸다.
人閑桂花落 夜靜春山空 月出驚山鳥 時鳴春澗中

사람은 일 없이 한가하게 앉아 있고, 마당의 계수나무에서는 꽃이 소리 없이 떨어집니다. 밤은 고요하고 산은 인적이 드물어 만상이 텅 비어 있는 듯합니다. 시는 어느 봄날 늦은 밤까지 한가하게 앉아 있는 시인과 적막한 산의 풍경을 그림처럼 보여줍니다. 이윽고 달이 뜨자 골짜기 사이에서 이따금 새 우짖는 소리가 들립니다.

달이 뜨자 산새가 놀랐는지,
골짜기 속에서 때때로 우짖는 소리를 낸다.

달은 무심하게 뜨건만, 새들은 무슨 일이라도 생긴 것처럼 소리를 냅니다. 새들이 내는 소리는 곧 왕유를 비방하는 주위의 모함입니다. 세속에 살면서 주위의 질투나 시기, 모함에 초연하기는 어렵습니다. 새들이 내는 소리는 시끄럽지만, 그럴수록 왕유의 시에는 오히려 고요한 밤과 텅 비어 있는 산이 드러납니다. 이 마지막 두 구절을 읽으며 문득 온갖 풍파를 겪으면서도 마음을 비우며 살아간 왕유의 내면을 떠올리게 됩니다.

왕유의 시 「조명간鳥鳴澗」을 한 구절씩 새기다 보면 문득 그림이 보이고, 그림이 보이는가 하면 어느새 사람과 나무, 새와 달이 뒤로 물러가 버립니다. 적막한 가운에 오직 텅 빈 바탕이 모습을 드러냅니다. 존재의 자성에는 나와 남이 없으며, 옳고 그름을 따지는 시비가 끊어져, 오직 소박한 조화와 고요한 평화가 흐르고 있습니다. 마힐 거사 왕유는 세상에 대한 관용과 무심한 마음의 평화를 시를 읽는 이들에게 전하고 있습니다.

작취미성

중국 북송시대에 뛰어난 형제 유학자가 있었으니, 형은 정호(程顥, 1032~1085)이고, 아우는 정이(程頤, 1033~1107)입니다. 형 정호는 정명도程明道로, 그리고 동생 정이는 정이천程伊川으로 더 잘 알려져 있습니다. 이 두 형제는 성리학의 기초를 닦았다고 칭송을 받는 북송시대의 대유학자 주렴계에게서 학문을 배웠습니다. 주렴계는 저 유명한 『태극도설』을 지은 사람입니다. 그리고 성리학의 집성자인 주자朱子 주희가 이 두 형제(특히 동생 정이)의 사상을 사사했다고 하니, 성리학에 있어서 두 형제의 위치와 학문의 깊이를 짐작할 수 있습니다.

형 명도는 젊어서 불교와 노장에 관심을 가졌습니다. 그는 인간의 본성 그 자체에 선악의 구별을 두지 않았습니다. 해서 '사람이 태어난 그 자체를 본성本性이라 한다'고 말했습니다. 이에 비해 동생 정이천은 인간의 본성을 선善하다고 보는 윤리적 입장을 취했습니다. 두 형제의 학문적 입장은 곧 그들 평생의 삶을 다르게 만들었습니다.

정명도는 부드럽고 인자한 태도를 지녔다고 합니다. '백성을 아픈 사람처럼 본다(視民如傷)'는 맹자의 말을 좌우명으로 관직생활을 하여 백성들의 칭송을 받았습니다. 동생 정이천은 성선설性善說을 주장하는 선비답게 늘 근엄하고 삼가는 태도로 평생을 살았습니다. 문관시험에 합격하여 국자감교수가 되었고, 잠시 숭정전설서崇政殿說書를 지냈으나, 곧 주위사람들과 가깝게 지내지 못하고 자리에서 물러났습니다. 그는 거의 평생 동안 관직에 나가지 않고 권력을 가진 사람들을 비판했습니다. 그 결과 권력자들의 미움을 받아 육십이 넘은 나이에 토지를 몰수당하고 강의를 금지 당했으며, 복주福州로 귀양마저 가게 되었습니다. 형제가 한 살 터울인데도 이렇게 서로 달랐습니다. 다음은 제가 젊은 시절 어느 자리에서 들은 일화입니다.

정명도는 술을 마시면 늘 흐드러지게 마시곤 했다. 이것을 근심하던 동생 정이천은 어느 날 형 명도에게 간했다.
"형님, 군자의 도리를 지키셔야지요."
그러자 형 명도는 말했다.
"너 어제 마신 술이 아직 덜 깼구나.(昨醉未醒)"

형 명도의 말은 세상을 비웃으며 살았던 도가의 죽림칠현을 생각나게 합니다. 영원 유청(?~1117) 스님은 임제종 황룡파의 고승입니다. 『선림보훈』은 송나라 때 불교집안에 있었던 고담과 선사들의 유훈을 모은 책인데, 이 책에는 영원 선사가 정이천에게 한 말이 실려 있습니다. 주위 사람이 가까이 하지 않을 정도로 자신과 남에게 엄격한 도학자에게 영원 선사는 무슨 말을 했을까? 제가 우연히 『선림보훈』을 들추다가 이 대목에 이르러서는 침을 삼키며 읽어보지 않을 수 없었습니다.

영원유청 선사가 유학자 정이천 선생에게 말했다.
"사람들은 자기 모습이 남는 것을 싫어하여 그림자가 질까 두려워하며 등지고 도망가려 합니다. 그러나 빨리 도망갈수록 자취는 더욱 많아지며, 그림자도 더욱 빨라집니다. 도망가기를 그치고 그늘에 들어가 그림자가 스스로 없어지고 자취도 자연스럽게 끊어지게 하느니만 못합니다. 일상생활에서 이 점을 분명히 한다면, 앉은 자리에서 이 도에 나아갈 것입니다."
(『선림보훈』 13-7 영원유청선사, 장경각)

행동거지나 말 한마디라도 예와 명분에 맞게 처신하는 정이천은 당연히 남의 언행에 대해서도 시시비비를 분명히 하는 선비입니다. 그러나 세상을 평가하다 보면 자칫 인간의 자연스러운 성정도 부인하게 되어 사람들로부터 입바른 소리만 하는 사람으로 낙인이 찍히기 십상입니다. 주위 사람들이 이천 선생을 떠나는 까닭이 여기에 있지 않을까요? 이천은 심지어 과부의 재혼을 반대하며 "굶어죽는 것은 극히 하찮은 일이지만, 절개를 잃는 것은 지극히 큰 일"이라고 주장하였으니, 참으로 살벌하고 박절합니다. 스스로 세상의 혼란과 어리석음을 다스리기 위해 인류의 기강을 밝히고 선악을 분명히 했지만, 그럴수록 오히려 주위 사람들과 갈등과 미움이 커지니, 그림자가 싫어 도망갈수록 그림자가 더 빨리 따라오는 격입니다.

이천 선생이 먼저 영원 선사에게 자신의 고민을 미리 말한 것은 아닐까요? 선사가 한 말을 보면, 실로 정이천의 마음속을 꿰뚫어 보는 듯합니다. 영원 선사는 이천에게 '그늘에 들어가 그림자가 사라지기를 기다리라'고 합니다. 일상생활에서 이렇게 시비분별을 끊고 있으면 자연히 자취도 끊어져 마침내 도와 합하게 됩니다. 선사의 말은 참으로 마음을 쉬는 도리이자, 앉은 자리에서 몸밖의 소식을 깨닫게 하는 법문입니다. 망념에서 벗어나 자기의 본성을 보면, 그림자에서 벗어납니다.

우리는 살아가면서 시비선악을 판단하지 않을 수 없습니다. 그러나 자기의 가치관이 절대적이라고 믿는 사람은 자신이 믿는 가치관의 조건에 대한 성찰하기를 거부합니다. 시비평가의 기준이 과거 한 시대의 도덕인 이상, 새로운 세상에서 일어나는 일을 평가하기에는 견문이 부족합니다. 결국 주장과 명분이 갈수록 고루해질 수밖에 없습니다. 이런 사람은 자기의 주장이 어떤 근거에서 일어났는지 보지 않고, 오직 상대방과 싸워 이길 수단을 찾는 데만 몰두합니다. 자기를 돌아보지 못하는 사람의 주장이 위험한 까닭이 여기에 있다고 하겠습니다.

반면에 자기의 가치관을 성찰하는 사람은 상대방에 대해 유연할 수 있습니다. 자기의 가치관이 절대적인 것이 아닌, 한 시대 한 장소의 입장을 반영하고 있는 것을 아는 까닭입니다. 자신의 가치관을 돌아보는 일은 현실의 갈등을 푸는 데 큰 도움이 됩니다. 그러나 이 역시 자기의 본성을 보는 선禪에서 본다면 아직 문 밖의 일입니다.

이천 선생이 선사의 말을 듣고 어떤 태도를 취했는지, 저의 견문이 넓지 못해, 알지 못합니다. 지금까지의 갈등을 내려놓고 자취를 끊는 공부에 들어갔으면 다행이거니와, 혹 영원 선사의 말을 윤리와 명분을 버리고 살라는 뜻으로 잘못 해석하여 도리어 스님을 '현실을 떠난 방외方外의 사람'으로 치부하고 덮어버렸는지 모릅니다. 일부 유학자들은 불교를 비판할 때, 임금도 없고 아비도 없는 학문(無君無父)이라고 했습니다. 선 수행이 시비분별을 내려놓는다고 해서 생각 없이 사는 것을 의미하지 않습니다. 영원 선사는 주지를 맡으며 문에다 이렇게 방을 써 붙였습니다. 선사의 글은 자기 성품을 본 사람이 어떻게 직분을 맡아 살림을 해나가는지 잘 보여줍니다.

"나 유청은 이름만 주지일 뿐, 실로 길손과도 같다. 단지 대중을 통솔하고 불법을 널리 펴서 우러러 교풍을 돕는 것을 내 직분으로 삼을 뿐이다. 절에서 관리하는 상주물常住物은 내 것이 아니므로 이치로 보아서도 내 마음대로 할 수 없는 일이다. 그러므로 소임자에게 모두 위임하고 분야를 나누어 일을 맡아 보게 하되, 공과 사를 분명히 하여 합당한 것은 하고 쓸모없는 것은 버려야 한다. 나는 그저 대중과 함께 밥 먹고 옷 입고 할 뿐이며 몸에 지닌 물병과 발우만으로 인연 따라 가고 머물 뿐이다." (『인천보감』 영원유청선사편, 장경각)

마 대부의 눈물

당나라 태종이 하루는 양자강에서 뱃놀이를 했습니다. 왕이 친히 행차하는 연회라 많은 귀족들과 고관들이 모였습니다. 배마다 등불이 환하게 켜 있고, 사람들은 배 안에서 술과 가무를 즐겼습니다. 기분이 흐뭇해진 왕은 옆에 있는 신하에게 물었습니다.

"오늘 연회에 노는 배가 몇 척이나 될꼬?"
"2척입니다."
"어째서 저 많은 배가 단 두 척이란 말이오?"
"오직 명예와 이익(名利), 두 가지만 있기 때문입니다."

출처는 자세하지 않지만, 제가 젊어서 읽은 책에서 기억에 남는 대목입니다. 신하가 왕에게 한 말은 연회를 멀리하고 정사에 전념하라는 충언입니다. 대저 사람이 명리에 눈이 어두워지면, 주위 사람들을 하찮게 여기고, 권세가 있고 명예가 높은 사람을 가까이 하려는 병이 생깁니다.

수행에도 이런 병이 있습니다. 아무개 선지식의 제자라든가, 어느 선방에서 몇 년을 앉았다든가 하는 아상我相이 그것입니다. 병이 골수에 들면 수행처를 돌아다니며 싸움을 걸고, 상대방과 나를 비교합니다. 그런 자리에는 깨달음이 일어나는 것이 아니라, 높고 낮음(高低), 길고 짧음(長短), 얻음과 잃음(得失), 옳고 그름(是非) 등의 허물이 일어납니다. 승찬 대사는 수행자의 병통을 날카롭게 지적했습니다.

"둘이 하나에서 생기니, 하나마저 지키지 말라. 하나라는 마음이 일어나지 않으면, 만법에 허물이 없다."
二由一有 一亦莫守 一心不生 萬法無咎. (『신심명』)

그러나 마음이 병든 수행자는 부처님 법을 내세워 네 편과 내 편을 나누고, 나아가 수행의 높낮이를 따지며 세월을 보냅니다. 결국 구하고자 하는 것은 자기의 명성이요 권위입니다. 상대방의 허물을 찾아 모멸감과 상처를 주는 것을 아랑곳하지 않는 것은 이미 병이 골수에 들었기 때문입니다. 오늘과 같은 무한경쟁시대에 살다보면 시비와 이해를 따지지 않을 수 없으며, 얻고 잃음을 피할 수 없습니다. 그러나 옆에 헐벗은 이웃이 있어도 아랑곳하지 않고 혼자 호화롭게 사는 것은 '내가 번 돈은 내 것'이라는 생각이 있기 때문입니다. 자본주의사회에서 벌어지는 현실을 부정하자는 것이 아니라, 공부하는 자리에서 우리의 삶을 돌아보자는 것입니다. 일찍이 조주 선사가 마 대부(馬大夫; 대부는 지금 장관에 해당하는 벼슬)에게 한 말도 이런 뜻을 담고 있었습니다.

마 대부가 물었다.
"스님께서는 수행을 하십니까?"
조주 선사가 대답했다.
"제가 만약 수행을 한다면 재앙이지요."
"스님께서 수행을 하지 않으시면서 누구더러 수행하라 하십니까?"
"대부야말로 수행하는 사람입니다."
"저 같은 사람이 어찌 수행한다고 이르겠습니까?"
"대부가 만약 수행하지 않았다면, 어찌 사람을 다스리는 왕王의 자리에 있을 수 있겠소? 배가 고파도 쓸모없는 황무지에서 벗어날 기약이 없었을 것이오."
대부는 이에 눈물을 흘리면서 절하고 물러나왔다.
(『조주록』 상권, 2. 상당, 장경각)

마 대부는 세속적인 명리를 벗어나 해탈의 길을 배우고자 조주 선사를 찾았습니다. 대부는 조주 선사에게 어떤 수행을 하는지 물었습니다. 조주 선사는 자기가 수행을 한다면 큰 재앙이라고 대답했습니다. 대부는 선사의 답변을 듣고 깜짝 놀랐습니다. 그러다 마침내 자기가 수행을 하려는 것도, 그리고 깨달음을 얻겠다는 것도 그 속에 숨어 있는 것은 세속적인 욕망과 본질적으로 조금도 다를 바가 없다는 것을 깨달았습니다. 자기가 세세생생 명리名利의 종노릇을 하고 살았다는 사실에 눈물을 흘렸습니다. 오늘 이 시대에도 여전히 수행을 세속적인 성취의 연장으로 이해하는 사람들이 적지 않습니다. 조주 선사는 수행자의 허위의식을 이렇게 꾸짖었습니다.

"꿈 같고 허깨비 같은 허공 꽃을 헛되이 붙잡는구나. 마치 양처럼 무엇이든 닥치는 대로 입에 주워 넣어서 어쩌자는 것인가. 내가 약산藥山 스님을 뵈었을 때 스님에게 '어떤 사람이 와서 법을 물으면 어떻게 해야 하느냐'고 물었다. 약산 스님은 말씀하시기를, 어떤 사람이 법을 물어오면 다만 '개 아가리를 닥쳐라(合取狗口)' 하는 말로 가르치라고 하였다. 그러니 나 역시 말하리라. 개 아가리를 닥치라고. '나'라고 여기면 더럽고, '나'라고 여기지 않으면 깨끗하다. 그렇게 사냥개처럼 얻어먹으려고만 해서야 불법을 어디서 찾겠느냐. 천 사람이고 만 사람이고 모조리 부처 찾는 놈들뿐이니, 도인은 한 명도 찾을 수 없구나." (『조주록』, 장경각)

'합취구구合取狗口'라는 말은 '개 아가리를 닥쳐라'라는 뜻입니다. '개 아가리(狗口)'라는 말은 개가 이 집 저 집 다니며 밥을 얻어먹듯이, 여기 저기 다니면서 도를 묻고 선禪을 구하는 태도를 가리킵니다. 그 속에는 '내 것'을 쌓아가는 세속적 욕망이 숨어 있습니다. 그러므로 마 대부의 눈물은 참으로 소중합니다. 마 대부처럼 눈물을 흘리며 참회를 해야 비로소 본래 청정하고 모두 갖추어진 자기 본성의 가치를 알게 됩니다. 한 스님이 조주 선사에게 깨달음을 얻은 사람도 수행을 하느냐고 물었습니다.

한 스님이 물었다.
"일을 다 마친 사람은 어떻습니까?"
"정작 큰 수행을 하지."
"스님께서도 수행을 하십니까?"
"옷 입고 밥 먹는다."
"옷 입고 밥 먹는 것은 일상사인데, 수행이랄 것이 있습니까?"
"그럼 말해 보아라. 내가 매일 무얼 하더냐?"
(『조주록』 상권, 2. 상당, 장경각)

밥 먹고 옷 입는 것이 수행의 전부라고 한 조주 선사의 삶에는 시끄러운 논쟁이나 명리를 둘러싼 먼지가 일어나지 않습니다. 조주 선사의 행장을 보면, 참으로 수행자의 진정한 사표입니다. 스님은 의자 다리가 부서지자, 타나 남은 부지깽이로 붙였습니다. 절 살림이 가난해도 신도들에게 편지 한 장 쓰는 일이 없었습니다. 어느 날 조주의 왕(趙王)은 스님을 특히 존경하여 법회를 열었습니다. 왕이 특별히 조주 선사만 전각에 오르게 하자, 스님은 다른 스님들도 모두 전각에 오르도록 왕에게 청했습니다. 왕이 스님을 위해 특별히 선원을 세우려고 했을 때, 스님은 풀 한포기라도 건드리면 조주로 돌아가겠다고 해서 결국 선원 짓는 일을 그만 두게 했습니다. 조주 선사의 법을 이은 제자가 적었지만, 『벽암록』에서 가장 많이 인용하는 화두는 모두 스님의 법문입니다.

옷 입고 밥 먹는 일은 누구나 하는 평범한 일상입니다. 그러므로 조주 선사의 일상을 겉으로만 보면, 명리를 추구하는 사람들이 두 번 다시 찾을 일이 없습니다. 떠들썩한 법담이나 신통한 기도를 좋아하는 수행자들은 조주 선사를 만나 하룻밤을 지내고 나서는 모두 떠나갔습니다. 자기의 본성을 보는(見性) 이 일에는 얻어야 할 높은 봉우리도 없으며, 내려다 볼 진창도 없습니다. 자기의 평생 수행이 무너져야 조주의 방 안에서 차를 마실 수 있습니다. 삶과 죽음을 뛰어넘는 도리를 탐구하는 일은 작은 성취에 집착하는 근기로서는 감당할 수 없습니다. 조주 스님이 옷 입고 밥 먹는 그 자리를 누가 짐작이라도 할 수 있을까요? 마 대부처럼 눈물을 흘려본 사람만이 마음을 쉬는 수행의 심오한 가치를 알 수 있습니다. 마음을 쉬면 방 안에서 꽃 피고 물 흐르는 소식을 만날 수 있습니다.

칼과 선

노자는 '전쟁에서는 슬퍼하는 자가 이긴다(哀者勝矣)'고 했습니다. 장군은 죽은 적군의 숫자를 세지만, 시인은 생명이 죽어가는 현실을 슬퍼합니다. 이 말은 팔레스타인의 민족시인 마흐므드 다르위시Mahmoud Darwish가 한 말입니다. 그는 이렇게 말했습니다.

"장군은 죽은 적의 시체를 헤아리지만,
　시인은 얼마나 많은 생명이 죽었는지 세어본다."

시인은 단순히 시를 쓰는 사람이 아니요, 생명을 먼저 생각하는 사람입니다. 평화의 길은 참 쉽지 않습니다. 선악과 시비를 따지는 일은 오히려 쉬운 일입니다. 역사는 세상의 핍박과 오해를 견디며 생명과 평화를 지키다 목숨마저 잃은 많은 의인들을 보여줍니다.

선 수행에서는 특히 선악과 시비를 내려놓고 자신을 돌아보라고 말합니다. 법담을 나누는 자리에 가보면, 어느새 선악과 시비의 거센 물결이 사람의 마음을 흔들고 있습니다. 입은 이미 칼과 창입니다. 거센 물결에는 쾌락이 뒤따르기 때문에 물리치려는 마음조차 일어나기 어렵습니다. 남을 비난하기는 쉬워도 자기 허물은 보기 어렵고, 경전으로 뜻풀이를 하기는 쉬워도 정작 자신이 어디에 있는지 보기 어려운 것도 승부에 대한 욕망이 앞서기 때문입니다. 옛 선사들의 어록을 읽다가 조주 선사에 이르면, 참으로 선사의 덕이 높은 것을 느끼게 됩니다.

한 스님이 조주 선사에게 물었다.
"조사가 서쪽에서 온 뜻이 무엇입니까?"
"상다리〔床脚〕다."
"그게 바로 그 뜻입니까?"
"그렇다면 빼 가지고 가거라."

『금강경』에는 "여래가 말한 법은 모두 법이 아니며, 비법도 아니다(如來所說法 非法 非非法)"라는 법문이 나옵니다. 한 스님이 이 구절로 선사에게 물었습니다.

학인이 물었다.
"'법은 법이 아니다(法非法)'라는 법문은 무슨 뜻입니까?"
조주 선사가 대답했다.
"동서남북이다."

학인이 다시 물었다.

"스님의 말은 어떻게 알아들어야 합니까?"

선사가 대답했다.

"상하사유(위아래 네 모서리)이다."(『조주록』)

조주 선사 또한 『금강경』으로 학인에게 대답했습니다. '동서남 북', '상하사유' 모두 금강경에 나오는 구절입니다. 자신이 평생 닦아 얻은 학문이나 수행은 참으로 내려놓기 어렵습니다. 일체법 이 비법非法임을 아는 사람은 바깥 경계뿐만 아니라 자기 공부에 도 무심해야 합니다. 갈고 닦은 창과 칼을 들고 찾아오는 학인에 게 조주 역시 무기로 막지만, 선사의 대답에는 상대방의 칼과 창 을 무디게 하고 자성을 깨닫도록 이끌어주려는 노파심이 담겨 있 습니다. 그야말로 선사의 한 눈에는 눈물이요, 또 한 눈에는 웃음 입니다.

좋은 글이나 그림 또한 우리의 마음을 쉬게 합니다. 옛 시를 읽 다가 문득 마음이 아득해지는 시를 만나면 천고의 도반을 만난 듯 환희심이 일어납니다. 그중 가도(賈島, 779~843)의 송하문동자松 下問童子는 더욱 감흥이 깊습니다.

소나무 아래에서 동자에게 물으니

스승은 약초 캐러 가셨다 한다.

다만 이 산 속에 계실 터인데

구름이 깊어 어디 계신지 모르겠네.

松下問童子　言師採藥去　只在此山中　雲深不知處

시를 찬찬히 읊다 보면, 어느새 우리의 눈은 깊은 산과 무심한 구름을 보고 있습니다. 특히 마지막 구절 "구름이 깊어 어디 계신지 모르겠네."는 읽는 이로 하여금 구름에 덮힌 산속에 들어와 있는 느낌을 줍니다. 좋은 시는 그림과 같고 좋은 그림은 시와 같다는 말이 있듯이, 가도의 시를 읽다 보면 모르는 사이에 내가 깊은 산속에 앉아 한가하게 구름을 보고 있습니다.

불교와 노장老莊에 식견이 깊은 팔대산인(八大山人, 1624~1703)의 작품 중에는 눈을 부릅뜬 고기가 등장합니다. 그림 속 화제畵題의 내용을 옮기면 다음과 같습니다.

"곁에 있는 이들에게 이 강 이름이 무어냐고 물었더니, '곡하曲河'라고 대답한다. 다시 강물이 흘러오는 곳을 찾아보니, 저녁 노을이 가득하구나."

左右此何水　名之曰曲河　更求淵注処　料得晚霞多

(「팔대산인화병제八大山人画幷題」)

팔대산인은 주위 사람에게 강 이름이 곡하曲河라는 말을 듣고는, 다시 강물이 흘러오는 곳을 찾아보았습니다. 강 너머에는 저녁노을이 가득합니다. 글 가운데 마지막 "저녁노을이 가득하구

224

나."라는 구절은 우리의 마음 또한 담담하고 적적하게 만듭니다. 팔대산인은 새와 고기를 많이 그렸습니다만, 그가 그린 새와 고기의 표정은 범상하지 않습니다. 특히 그림 속 고기의 눈은 무심한 듯, 세상을 꿰뚫어 보는 눈입니다. 팔대산인의 그림 속에는 세상 풍파를 뜬구름처럼 무심하게 바라보는 도인道人의 모습이 역력합니다.

사람이 한평생 말이나 글을 피하고 살 수는 없습니다. 말이나 글이 칼과 창이 되지 않고, 오히려 창과 칼을 거두고 무심無心으로 돌아가게 하는 것은 선이 우리에게 주는 큰 축복입니다.

포대화상의 개뼈다귀

포대화상은 당나라 명주 봉화현 사람으로, 법명은 계차契此인데, 이 한 도리에 계합했다는 뜻입니다. 계차 스님의 이미지는 한마디로 뚱뚱한 몸집에 웃는 얼굴입니다. 배는 둥글게 늘어져 보는 이에게 편안함과 친근감을 줍니다. 늘 지팡이 끝에다 커다란 자루를 메고 다녔는데, 때로는 포대에서 과자를 꺼내어 아이들에게 주기도 했습니다. 앞날을 예언하면 정확히 들어맞았습니다.

포대 스님은 걸식을 하고 살았습니다. 비록 비구의 몸이지만, 분별이 없어 무엇이든 주는 대로 받았습니다. 그리고 일정한 처소가 없이 비바람을 맞으며 세상을 돌아다녔습니다. 스님은 이 마을 저 마을 자루를 지고 다니면서 "개뼈다귀 사시오, 개뼈다귀 사시오." 외쳤습니다. 집안에 장식을 할 수도 없고, 잘못 먹으면 목에 걸려 죽을 수도 있는 개뼈다귀를 누가 사겠습니까? 사람들은 포대화상을 미친 사람으로 여겼습니다.

사람들이 애써 학력과 인맥을 쌓는 것은 재산을 늘리고 명예를 얻는 데 쓸모가 있기 때문입니다. 해탈과 깨달음을 구하는 수행도 이와 같을까요? 일찍이 양나라 왕 무제가 달마 대사를 만났던 것도 듣고 싶은 것이 있었기 때문입니다. 양무제는 생전에 많은 탑을 짓고 손수 불경을 강의한 왕입니다. 그래서 당시 사람들이 그를 불심천자佛心天子라고 불렀습니다. (역사적으로 따지면, 두 사람은 서로 다른 시대를 살았으므로 만날 수 없습니다. 그러므로 이 이야기는 그냥 수행을 위해 전해지는 말로 보아야 합니다.)

"짐이 그 동안 절과 탑을 수없이 지었는데, 그 불사의 공덕이 얼마나 되겠소?"
"조금도 없습니다."
"…… 이렇게 말하는 당신은 도대체 누구요?"
"모릅니다(不識)." (『벽암록』제1칙 달마불식達摩不識)

달마 대사는 양무제에게 공덕이 하나도 없다고 했습니다. '선지식이라면 사람들에게 먹을 것을 나누어주고, 절을 지은 공덕이 얼마나 되며, 장차 무슨 좋은 과보를 받을지 알 수 있어야 하지 않겠는가?' 이렇게 생각한 양무제는 달마 대사의 말을 받아들일 수 없었습니다. 그리고 달마 대사는 아직 법을 펼 때가 아니라고 생각해 숭산 소림사에 몸을 감추었습니다.

자신이 쌓은 공덕의 크기를 알고 싶어하는 양무제의 물음은 지금도 여전히 사람들의 마음속에 살아 있습니다. 관자재보살은 사리불 장로에게 모든 법이 공空하여 얻을 것 없음을 아는 것이 진정한 앎이며, 이 진정한 앎(반야바라밀)으로 깨달음을 얻는다고 말했습니다. 수행을 할수록 자기가 성취한 모든 공덕을 내려놓아야 한다면, 반야바라밀은 포대화상의 개뼈다귀와 다를 것이 무엇일까요?

개뼈다귀는 맛도 없고 삼킬 수도 없으며, 몸에 지니고 다녀도 아무 쓸모가 없습니다. 거기다 칠을 하고 복을 빌 이유도 없습니다. 집안 깊숙이 숨겨두지 않아도 걱정이 없고, 설혹 잃어버려도 그만입니다. 개뼈다귀가 있는 곳은 명예와 부귀, 득과 실, 생과 사에 대한 집착이 설 자리가 없습니다. 바깥 경계에 대한 알음알이가 쉬면, 문득 밥 먹고 옷 입고 잠 자는 나와 만나게 됩니다. 내 속을 보면 종일 먹어도 먹은 적이 없으며, 종일 마셔도 마신 적이 없으니, 스스로 환하게 살림을 굴리는 나의 성품은 고요한 가운데 담박합니다. 실로 포대화상이 개뼈다귀를 파는 뜻이 여기에 있다고 하겠습니다. 포대화상의 개뼈다귀는 자성을 깨닫게 하는 화살 같은 법문입니다.

다음은 『전등록』과 「포대화상전」(속장경)이 전하는 스님의 행적과 게송 가운데 일부입니다.

① 법거량

하루는 선보복先保福 스님이 길에서 포대 선사를 만나 물었다.

"불법의 큰 뜻은 무엇입니까?"

대사는 포대를 벗어 던지고 손을 모으고 섰다.

보복이 다시 물었다.
"그것뿐입니까, 다시 그 위의 일(向上事)이 있습니까?"
대사는 다시 포대를 짊어지고 갔다.

②게송
"시비와 애증은 세상의 다반사라,
그 속을 알았거니 내 어찌 휘둘리랴.
소갈머리 넓히려면 인욕행이 필수지만,
마음바탕 활짝 열면 저에 맡겨 한가롭네.
아는 사람 만나면 인연 따라 법 나누고,
원수와 마주쳐도 함께 어울린다오.
마음 쓰는 이 일을 능히 깨달아 알면,
저절로 육바라밀 증득하리라."
是非憎愛世偏多　子細思量奈我何
寬却肚腸須忍辱　豁開心地任從他
若逢知己須依分　縱遇冤家也共和
若能了此心頭事　自然證得六波羅

"바릿대 하나로 천호千戶의 밥을 빌고,
외로운 몸으로 만 리를 거니네.
푸른 눈(靑目)을 알아보는 사람이 적으니,
무심한 흰구름에게 길을 묻는다."

一鉢千家飯 孤身萬里遊

靑目覷人小 問路白雲頭

 사족

포대화상 그림 가운데 정징(正澄, 1274~1339)의 작품이 있습니다.
정징은 원나라 임제종 선사로, 52세(1326)에 일본으로 건너갔습
니다. 그의 법맥은 일본 임제종 24유파의 하나인 청졸파淸拙派로
불립니다. 정징 선사가 포대화상의 초상 위에 붙인 화제畵題가 뜻
이 깊어 여기에 인용합니다. 포대에게 던지는 한마디는 과연 임제
종의 서늘한 맛을 보여줍니다.

꿈속에서 도솔천에 올라,

인간세상에 내려오길 기다리시네.

엉성한 포대는 아예 보이지 마소.

악독한 스님 이름이 이미 퍼져 있다오.

夢裡昇兜率 閻浮待下生 不須呈懞袋 惡毒已流行

절을 빼앗긴 스님

옛 사람들은 더울 때는 『장자』를 읽고, 겨울에는 『논어』를 읽었습니다. 장자를 읽으면 마음이 호방해지니 여름에 읽기 제격이고, 논어는 옷깃을 여미고 읽어야 하니 추운 겨울에 알맞습니다.

송나라 때 절에서 일어난 일을 적은 『총림성사』에는 더위를 물리치는, 정신이 번쩍 드는 이야기가 나옵니다. 이야기의 주인공 법정法淨 스님은 무주 영웅사 강주講主였습니다. 스님은 명성이 높아 많은 사람들의 귀의를 받았습니다. 해서 스스로의 힘으로 절을 크게 일구었습니다. 그러나 무슨 전생의 악연인지 가까운 후배스님에게 주지 자리를 빼앗겼습니다. 법정 스님은 자신의 억울한 사연을 평소 안면이 있는 세도가 섭 승상에게 호소하고 도움을 청했습니다. 편지를 본 승상은 이렇게 답장을 썼습니다.

"사람을 보내 편지를 주신 정성에 감사드립니다. 스님과 저는 지난 세상부터 인연이 있고, 한 고향 사람임을 잘 알고 있으며, 누가 물으면 같은 고향 사람이라고 말합니다. 또한 저는 스님의 본분이 강백이며 영웅사에 주지하는 40년 동안에 기와더미만 쌓여 있던 곳을 아름다운 사원으로 가꾸었고, 금어金魚와 북소리가 일년 내내 그치지 않게 했으므로 사원을 일으켰다고 자부할 수 있음도 잘 알고 있습니다. 이번에 힘들여 짓는 보전寶殿이 준공되려는 즈음에 파계승 후학이 탐욕과 어리석은 마음을 일으켜 교묘한 계략으로 스님의 자리를 빼앗으려 한다 하니, 세간의 생각으로 논한다면 까치집에 비둘기가 사는 격으로서, 참으로 견디기 어려운 일이라 하겠습니다.

그러나 스님의 본분으로 말한다면, 나의 몸도 나의 것이 아니며 모든 법이 한낱 꿈이요 환상이니, 영웅사라 하여 어찌 오래도록 스님 혼자만의 생활터전이라 할 수 있겠습니까? 이 때문에 옛사람이 말하기를 '머물 땐 외로운 학이 소나무 꼭대기에 차가운 날개를 쉬고 있는 듯하고, 떠날 땐 조각구름이 잠깐 세상에 스쳐가듯 한다'고 하였으니, 떠나고 머무는 것에 깨끗이 처신한다면 무슨 매일 것이 있겠습니까. 머물려 해도 머물 것 없어야 바야흐로 떠나고 머물 줄을 아는 사람입니다.

이번에 떠나시거든 푸른 소나무 아래 밝은 창가에 편히 앉아 꼼짝하지 않고 자신의 생사대사生死大事의 인연을 깨닫는다면 정말로 좋은 일이 될 것입니다. 만일 태수에게서 도움을 빌리려 한다면, 그것은 겨드랑이에 태산을 끼고 바다를 뛰어넘는 것만큼이나 어려운 일입니다. 만법이 모두 공空임을 깨닫는다면, 스님에게는 범부가 성인으로 탈바꿈되는 전기가 될 것입니

다. 혹시라도 그렇지 않다면 허리춤을 싸쥐고 어서 저 신부新婦
나 맞으러 가십시오." (『총림성사』, 장경각)

성철 스님은 용맹 가운데 가장 큰 용맹은 옳고도 지는 것이요,
공부 가운데 가장 큰 공부는 남의 허물을 뒤집어쓰는 것이라고 말
씀했습니다. 공부하는 자리에서 말하자면, 남이 평생 일구어 놓은
절을 빼앗고자 욕심을 내는 후배스님도 문제이지만, 평생 고생해
서 만든 이 절은 '내 것'이라고 집착하는 법정 스님도 문제입니다.
물론 이런 말은 아무나 쉽게 할 수 있는 것은 아니지요. 공부가 부
족하면 누구나 쉽게 경계에 넘어갑니다.
　법상에 앉아, 가는 곳마다 주인공이 되어야 한다고 설법하기는
쉬워도, 막상 유혹을 만나면 누구도 경계를 넘어서기가 쉽지 않습
니다. 부처님은 일찍이 수행자가 빠지기 쉬운 어리석음을 누누이
경계하셨습니다.

　어리석은 자는 헛된 특권을 바란다.
　수행승 가운데 존경을, 처소에서는 권위를,
　다른 사람의 가정에서는 공양을 바란다.
　그는 재가자나 출가자 모두 '(이 일은) 오로지 내가 행한 것이
　다.'라고 여기고,
　어떤 일이든 해야 할 일이나 하면 안 될 일도
　'오로지 나의 지배 아래 있어야 한다.'라고 생각한다.

하나는 이득을 위한 수단이고 다른 하나는 열반의 길이다.
이와 같이 곧바로 알아 수행승은 깨달은 님의 제자로서
명성을 즐기지 말고 멀리 여읨(遠離)을 닦아야 하리.

(『법구경』제5 어리석은 자의 품)

요리를 책으로 맛볼 수 없듯이 자기 본성을 보는 일은 말이나 지식으로는 맛볼 수 없습니다. 참으로 명예와 권위를 내려놓은 사람은 성과에 집착하며 시비를 따지지 않습니다. 이 모두가 눈 속에 어른거리는 헛꽃임을 잘 알기 때문입니다. 그러나 이루어 놓은 것이 많은 사람일수록 기득권에 대한 집착이 큽니다.

임제 선사의 만년의 모습을 보면, 참다운 자유인의 모습을 엿볼 수 있습니다. 스님의 말년 어느 날 병란이 일어나서 자리를 옮겼습니다. 남쪽 대명부에 있는 흥화사라는 절인데, 그곳에는 이미 제자 흥화존장 스님이 교화를 펴고 있었습니다. 방장인 흥화 스님은 스승 임제 선사를 동당에 모시고 한주閑住로 잘 받들었습니다. 평소 폭포와 같은 법문을 쏟아내기로 유명하던 임제 선사는 그곳에서 일체 말이 없었습니다. 스님의 만년의 모습을 『임제록』은 이렇게 전합니다.

구리로 만든 물병, 쇠로 만든 발우처럼,
방문을 닫아걸고 말이 없었다.
소나무가 늙고 구름이 한가한 듯하여,

텅 비어 유유자적하였다.

銅瓶鐵鉢 掩室杜詞

松老雲閑 曠然自適 (『임제록』마방馬防의 서문)

늙은 소나무나 한가한 구름과 같이 유유자적한 임제 선사의 노년의 모습은, 섭 승상의 말대로 "머물 땐 외로운 학이 소나무 꼭대기에 차가운 날개를 쉬고 있는 듯하고, 떠날 땐 조각구름이 잠깐 세상에 스쳐가듯 한다"는 말 그대로 입니다. 섭 승상과 임제 선사의 행적을 돌아보면, 진정한 자유는 이렇게 자성에 맡겨 무심하게 우러나와야 한다는 것을 다시 한 번 깨닫게 됩니다. 더운 여름날 이런 이야기를 읽으면 마음이 서늘해집니다.

가슴속 응어리

세상을 살다보면 누구나 마음속 고통을 겪습니다. 그리고 그 고통이 해결되지 않거나 그 속을 벗어날 만한 통찰이 일어나지 않으면 응어리가 됩니다. 그래서 후회와 탄식은 사람이라면 누구나 피할 수 없는 고통입니다. 후회와 탄식을 가져오는 일은 사람마다 다 다르지만, 곰곰이 바라보면 응어리의 본질은 이상과 현실의 괴리에서 옵니다. 마땅히 그래야 하는 당위와 그렇지 못한 현실의 틈바구니에서 겪는 고통이 끝내는 응어리가 되지요.

수행자도 예외일 수 없습니다. 비록 지금부터 1,000년 전 일이지만, 남송시대 선지식 대혜종고(1089~1163) 스님이 겪었던 고통 또한 누구나 공감할 응어리입니다. 대혜 선사는 30대 중반에 응어리를 가지고 있었습니다. 스님은 평상시에는 부처님과 스승의 가르침대로 행실이 원만하고 자신의 이상대로 몸과 마음이 움직여지는데, 꿈에서만은 뜻과 같지 않았습니다. 이러한 고통은 진실한 수행자라면 누구나 한 번쯤 겪기 마련입니다. 스님은 자신의 고민을 스승에게 고백했습니다.

"저는 잠을 자지 않을 때는 부처님께서 칭찬하신 대로 여법하고 행하고, 부처님께서 꾸짖는 대로 감히 계를 범하지 않습니다. 언제나 스승에 의지하여 공부하다 조금이라도 얻는 것은 정신이 맑은 때는 모두 받아들입니다. 그러다가도 문득 침상에 누워 반쯤 깨고 반쯤 잠이 들 때면, 주인노릇을 하지 못합니다. 꿈에서 금과 보배를 얻으면 꿈속에서도 무한히 기뻐하고, 꿈속에서 사람이 칼과 몽둥이로 핍박하거나 여러 나쁜 경계를 당하게 되면, 곧 두려워하고 공포에 떱니다. 지금 제 몸이 멀쩡하지만, 단지 꿈에만 떨어져도 주인노릇을 하지 못하는데, 지수화풍이 다 흩어지고 모든 괴로움이 불처럼 일어나면, 제가 어떻게 경계에 휘둘리지 않을 수 있겠습니까? 여기에 이르러서는 마음이 조급해지기만 합니다." (『서장』, 향시랑 백공에게 답하는 편지)

그러나 스승(원오극근)은 대혜 스님에게 그저 "망상을 쉬어라, 망상을 쉬어라.(休妄想 休妄想)" 할 뿐이었습니다. 그러면서 다시 "네가 허다한 망상이 다 끊어진 때라야, 네 스스로 자나 깨나 늘 하나인 경지에 이르리라."고 말했습니다. 그러나 대혜 스님에게는 이 말이 그저 먼 메아리소리일 뿐이었습니다.

이렇게 혼자 속을 태우며 살다가, 하루는 우연히 스승 원오 선사가 "모든 부처님이 나온 곳에는 훈훈한 바람이 남쪽에서 불어온다."고 하신 말씀을 듣고는 홀연히 가슴속 애응지물(礙膺之物; 응어리)이 사라졌습니다. 하늘과 땅이 무너져 내렸으니, 당위와 현실의 갈등이 사라졌습니다. 대혜 스님은 그때의 감격을 이렇게 전했습니다.

"문득 부처님이 하신 말씀이 참으로 진실한 말씀이며, 실다운 말씀이며, 한결같은 말씀이며, 미치지 않은 말씀이며, 거짓말이 아니며, 사람을 속이지 않는다는 것을 알았습니다. 참으로 부처님은 대자대비하시어, 몸을 가루로 만들고 목숨을 바쳐도 갚을 수 없습니다. 가슴속 응어리가 다 없어져, 문득 꿈 꿀 때가 바로 깨어 있는 때이며, 깨어 있는 때가 바로 꿈 꿀 때인 것을 알게 되었습니다. 부처님이 말씀한 '깨어 있거나 잠자거나 늘 하나다'는 도리를 비로소 알게 되었습니다. 이 도리는 남에게 드러내 보이거나 줄 수 없으며, 남에게 말해줄 수도 없습니다. 마치 꿈속의 경계처럼 붙잡거나 버릴 수 없습니다."

대혜 스님이 애송하는 시는 당나라 때의 재가도인 방 거사의 게송입니다. 이 시를 보면, 응어리를 파낸 대혜 선사의 속을 볼 수 있습니다.

"모든 있는 것을 비우려 할지언정,(但願空諸所有)
오직 없는 것을 채우려 하지 말라."(切勿實諸所無)

선악善惡과 시비是非의 뿌리는 '나(自我)'입니다. 그리고 자아의 뿌리는 '나의 수행'입니다. 방석에 앉은 세월과 경전공부를 통해 쌓은 지식은 모두 '나의 수행'의 기반입니다. 그러나 대혜 선사는 수행할수록 수행의 이상과 점점 멀어지는 모순에 봉착했습니다. 수행할수록 '내'가 사라져야 하는데 현실은 오히려 자아가 강해집니다. 나와 남의 차별의식이 강해지고, 수행자가 지켜야 할 평등과 무심無心과는 점점 멀어집니다. 낮에는 그런대로 자기를 제어할 수 있지만, 꿈에서는 숨겨두었던 자아가 노출됩니다.

자신의 수행에서 일어나는 모순을 고민하던 대혜 선사는 "모든 부처님이 나오는 곳에는 따뜻한 바람이 남쪽에서 분다."는 스승의 말에 자신의 세계가 무너지는 경험을 하였습니다. 깨어 있거나 잠자는 것이 하나인 도리를 보았으니, 망상에 가려져 있던 자신의 본래 면목을 찾은 것입니다. 채우지 않으면 무심해지고, 무심하면 몰록 자성을 되찾게 됩니다. 옛 사람들은 자성을 본 깨달음을 '배가 고프면 밥을 먹고, 목이 마르면 물을 마시는 도리'라고 했습니다. 자성에는 더 이상 이상과 현실의 괴리가 없습니다.

수월 스님은 근대 한국의 대선지식 경허 선사의 맏제자였지만, 오직 중생을 위해 머슴노릇을 한 보살입니다. 여러 곳에서 조실로 모시려 하였지만, 모두 뿌리치고 간도에 갔습니다. 스님은 간도에서 머슴 중으로 일하며 받은 품삯으로 밤에는 짚신을 삼고, 낮에는 소치는 틈틈이 짬을 내어 큰 솥에 밥을 지어 주먹밥을 만들었습니다. 일제의 학정을 견디지 못해 간도로 피난 오는 동포들을 위해 길가 바위 위에 주먹밥을 쌓아 놓고 나뭇가지에 짚신을 매달아 놓았습니다.

일찍이 청담 스님(1902~1971)은 수월 선사의 명성을 듣고 간도를 찾았습니다. 스님은 1년 동안 만주에서 수월 스님을 모시고 정진했습니다. 떠나는 날 청담 스님은 수월 스님이 손수 만들어준 주먹밥과 짚신을 받아들고 마지막 절을 올렸습니다. 그러자 수월 스님은 갑자기 청담에게 곳간에 가서 괭이를 가져오라고 했습니다. 괭이를 가져오자 수월 스님은 바로 마당에 박혀 있는 돌멩이를 가리키면서 물었습니다.

"저게 무엇인가?"
"돌멩이입니다."

청담의 말이 떨어지기가 무섭게 수월 스님은 괭이를 빼앗아 들더니 돌멩이를 쳐내 버리고, 뒤도 돌아보지 않은 채 들판으로 나갔습니다. 청담 스님은 이 가르침을 평생의 화두로 삼았다고 합니다. 수월 스님의 괭이는 참으로 가슴속에 묻혀 있는 응어리를 파내버리는 산 법문입니다. 수행에서 선악과 시비를 따지는 망념은 늘 우리의 성품을 가로막고 있습니다. 무심은 곧 망념이 쉬는 것입니다. 수행자가 자기의 내적 모순과 혼동(응어리)이 자기 스스로 만든 분별임을 받아들일 때, 망념이 쉬고 자기의 본바탕을 보는 경이로운 일이 일어날 수 있습니다.

부르지 않아도 찾아가는 사람

"석가가 앞을 이끌고, 유마가 뒤를 따랐다."

유마 거사의 방장

유마(유마힐) 거사는 『유마힐소설경』(Vimalakirti Sutra: 유마 거사가 설법한 경)의 주인공입니다. 유마 거사는 바이샬리(비야리) 성에 사는 리차비족 장자이며, 부인과 자식을 둔 재가불자입니다. 재가자는 가정을 꾸리고 생업에 종사해야 하니, 출가자에 비해 공부할 수 있는 조건이 열악합니다. 그러나 유마 거사는 재가자의 현실을 비관하지 않고, 오히려 적극적으로 수행과 보살행의 방편으로 이용합니다. 『유마경』 서두에는 보살이 누구인지 설명하는 구절이 나오는데, 이 구절은 곧 재가불자 유마 거사의 존재를 암시합니다.

"어느 때 세존께서 바이샬리의 암라팔리 숲 터에서 8천 명의 비구들과 함께 계실 때의 일이었다. 그 자리에는 3만 2천 명의 보살들도 함께 있었는데 그들은 모두 뛰어난 지혜의 소유자로서 세상이 다 아는 보살대사菩薩大士였다. 그들은 부처님의 가피를 입은 이들로서 법法이라 불리는 성城의 수호자가 되어 그것을 잘 지켰으며, 대사자후大獅子吼의 주인공으로서 그 소리는 사방을 두드렸다. 청하지 않는데도 모든 사람들에게 기꺼이 좋은 벗이 되어 주었으며, 삼보(불법승)의 맥을 그르치지 않는 이들로서 악마와 적군들을 엄단하고 반론으로 덤벼드는 자들을 정복하였다." (『유마경』, 박용길 역, 민족사)

무엇보다 우리의 눈을 끄는 구절은 보살은 "청하지 않는데도 모든 사람들에게 기꺼이 좋은 벗이 되어 주었다."는 구절입니다. 이 구절을 구마라즙은 중인불청 우이안지(衆人不請 友而安之; 사람들이 부르지 않아도 벗이 되어 편안하게 해준다)로 번역했습니다. 이 구절은 참으로 대승불교에서 강조하는 보살행의 대도라고 할 수 있습니다. 다음은 유마 거사가 누구인지 알려주는 게송입니다.

도움이 꼭 필요한 사람을 보면,(見須供事者)
망설이지 않고 심부름꾼과 하인이 된다.(現爲作僮僕)
그 사람의 마음이 즐거워지면,(旣悅可其意)
마침내 도심을 일으키게 한다.(乃發以道心)
(『유마경』 불도품佛道品)

어느 날 유마 거사는 방편 삼아 병을 핑계로 누웠습니다. 사람들이 문병하러 오자 유마 거사는 부처님의 가르침을 널리 알렸습니다. 부처님도 소식을 듣고는 문수보살에게 문병을 가도록 했습니다. 유마 거사는 이윽고 문수보살이 오는 것을 알고 자신의 방을 정리했습니다.

"그리하여 8천의 보살, 5백의 성문, 제석천, 범천, 사천왕, 수천 수백의 천신들은 법을 듣고자 하는 일념으로 문수의 뒤를 쫓았으며, 행렬의 맨 앞에 선 문수는 바이살리 시내를 향해 천천히 발걸음을 옮겨놓았다. 그 무렵 유마는 이런 생각을 하고 있었다.

'문수보살이 많은 사람들과 함께 이곳으로 오고 있구나. 그렇다면 신통력으로 내가 있는 이 방을 텅 비워놓아 볼까.'

그가 신통력으로 방안을 말끔히 치우자, 그곳에는 거사가 병을 가장하고 누워 있던 침상 외에 그를 시중들고 있던 사람을 비롯하여 탁자와 의자와 방석까지 모두 눈앞에서 흔적 없이 사라지고 말았다. 많은 사람들과 함께 유마의 저택에 도착한 문수는 곧 거사를 문병하기 위해 그의 방안으로 들어섰다. 하지만 방안에는 웬일인지 오직 거사가 누워 있는 침상 외에는 시중드는 사람도 탁자나 의자, 방석까지도 그림자조차 보이지 않았다." (『유마경』, 박용길 역, 제5장 문수보살의 병문안)

유마 거사의 방을 흔히 방장方丈이라고 부릅니다. 방장은 길이가 사방 10자(尺)이니, 지금으로 말하면 가로 세로 높이가 각각 약 3.6미터인 아주 작은 방입니다. 오늘날 조실스님을 모신 방을 '방장'이라고 하는 것도 여기서 유래합니다. 이처럼 작은 유마 거사의 방에 문수보살과 그를 따르는 8천 명의 보살과 5백 명의 스님이 모두 장애 없이 들어갔으니, 참으로 만법을 꿈과 그림자와 같이 실답지 않게 보는 대승불교의 공空 사상을 극진하게 나타내고 있습니다.

유마 거사가 머무르는 작은 방에는 여덟 가지 불가사의한 일이 일어납니다. 유마의 작은 방을 지키는 천녀天女는 사리불 장로에게 이렇게 설명합니다.

"대덕(사리불)이시여, 이 방에는 평소에 볼 수 없는 여덟 가지 불가사의한 일들이 언제나 나타납니다. 먼저 이 방에는 금빛 찬란한 광명이 끊임없이 비치어 밤낮의 구별이 없으며 해와 달도 소용이 없을 정도입니다. 이것이 첫 번째 불가사의한 일입니다.

이 방에 들어온 사람은 방 밖에 있든 방 안에 있든 번뇌에 시달리는 일이 없습니다. 이것이 두 번째의 불가사의한 일입니다.

이 방 안에는 언제나 제석천과 범천과 사천왕 및 불국토의 보살들이 운집하여 물러가는 일이 없습니다. 이것이 세 번째 불가사의한 일입니다.

이 방에는 언제나 법의 음성이 끊이지 않으니 곧 육바라밀과 불퇴전의 법륜을 중심으로 하는 설법입니다. 이것이 네 번째의 불가사의한 일입니다.

이 방에는 언제나 북소리와 노래와 음악이 사람들과 신들에 의해 펼쳐지며, 그로부터는 또한 무량한 불법으로 교화하는 음성이 들려오기도 합니다. 이것이 다섯 번째 불가사의한 일입니다.

이 방에는 언제나 온갖 보석이 가득 찬 네 개의 큰 상자가 있습니다. 하지만 위신력 덕분에 가난한 사람들에게 그것을 아무리 많이 나누어 주어도 결코 바닥이 드러나는 법이 없습니다. 이것이 여섯 번째 불가사의한 일입니다.

이 방에는 언제나 저 고매하신 분이 원하든 원하지 않든 석가족의 현자이신 석가여래를 비롯하여 무변광여래, 부동여래, 보길상여래, 보염여래, 보월여래, 보엄여래, 난승여래, 일체의성취여래, 다보여래, 사자후여래, 사자성여래 같은 시방의 무량한 여래들이 내려와 여래의 비밀이라는 법문으로 들어가는 길을 일러주고 나서 다시 돌아가고는 합니다. 이것이 일곱 번째 불가사의한 일입니다.

이 방에는 언제나 모든 신들이 머무는 궁전과 광명과 불국토의 공덕에 의한 일체의 광명이 나타납니다. 이것이 여덟 번째 불가사의한 일입니다." (『유마경』, 박용길 역, 제7장 중생에 대한 관찰)

유마 거사의 작은 방에는 금빛으로 빛나기 때문에 해와 달의 광명에 의지하지 않습니다. 그리고 이 작은 방에 한 번 들어오는 사람은 어디에 있든 번뇌에 시달리는 일이 없습니다. 참으로 한 물건도 얻을 바 없는 공성空性의 참다운 소식을 전하고 있습니다.

『유마경』은 중생이 성숙해지는 길은 오직 모든 존재의 근본이 공성임을 깨닫게 하는 데 있다고 강조합니다.

유마 거사의 작은 방에는 북소리와 노래와 음악이 그치지 않습니다. 그 소리에는 부처님의 가르침이 담겨 있습니다. 노래와 음악은 일찍이 석가모니 부처님이 계율로 금지했습니다. 출가자의 마음을 흔들기 때문입니다. 그러므로 이 다섯 번째 불가사의는 현실에 맞는 방편으로 중생들에게 불법을 널리 펴려는 대승불교의 적극적인 의지를 보여주고 있습니다. 계율을 강조하는 상좌부나 출가자의 입상에서 보면, 노래와 음악과 같은 방편은 곧 비도非道입니다. 유마경이나 대승경전에 으레 방편품을 따로 세워 방편의 의미를 설명하는 까닭도 여기에 있습니다.

모든 방편은 대중을 해탈과 깨달음으로 이끌 때 의미가 있습니다. 오늘 이 시대의 불교처럼 방편을 기복의 수단으로 쓴다면 이미 대승불교의 방편이라고 할 수 없습니다. 방편은 불법과 가까이 할 수 없는, 늙고 병들고 가난하며 태생이 비천하고 신체적 장애와 비참한 모습 때문에 소외받는 사람들도 깨달음을 얻도록 이끌어주는 자비입니다. (전통적인 계율에서는 정신적, 또는 신체적인 불구자는 출가를 허락하지 않습니다.) 유마와 문수는 진정한 불도에 대해 법담을 나누었습니다.

그때 문수사리가 유마힐에게 물었다.
"보살은 어떻게 해야 불도佛道에 통달할 수 있습니까?"

유마힐이 대답하였다.

"만약 보살이 도가 아닌 길〔非道〕을 간다면 곧 불도에 통달한 것입니다."

문수사리가 물었다.

"어떻게 하는 것이 도가 아닌 길을 간다는 것입니까?"

유마힐이 답하였다.

"가난에 찌든 사람들 사이에 섞여서도 보배를 낳는 손으로서 공덕이 다하는 일이 없으며, 불구자 사이에 끼여도 온갖 상호를 갖추어 자신의 몸을 장엄하고, 비천한 사람들 사이에 끼여서도 부처가 될 소질을 가진 무리에 태어나서 온갖 공덕을 갖추고, 몸이 쇠약하고 추하고 비참한 사람들 사이에 섞여도 나라연(nryaa)과 같이 힘센 몸을 얻어 모든 중생이 부러워 즐겁게 바라보는 대상이 되며, 늙고 병든 사람들 사이에 끼여도 영원히 병의 근원을 끊고 죽음의 공포를 초월합니다. 재물이 있는 모습을 보이지만 항상 무상을 관하여 실제로 탐내는 것이 없으며, 아내와 첩과 채녀가 있는 것을 보여 주지만 항상 5욕의 진흙탕에서 멀리 떠나 있습니다. 문수사리여, 보살이 이같이 도 아닌 길〔非道〕을 행해 갈 수가 있다면, 이것이야말로 불도에 통달한 것이라고 할 수 있습니다."

(『유마경』 제8. 불도품佛道品)

유마 거사의 작은 방에서 일어나는 여섯 번째 불가사의는 가난한 사람들에게 재물을 보시하는 일입니다. 진정한 자비가 살아 있는 곳에는 재물이 바닥을 드러내지 않습니다. 유마 거사는 거지들에게 재물을 보시하며 이렇게 말했습니다.

"시주가 만일 평등한 마음으로 가장 천한 거지 한 사람에게 보시하되 부처님께 보시하는 것과 같이 하고, '나는 시주다, 너는 거지다' 하는 분별을 내지 아니하고, 누구에게나 평등한 대비심을 일으키며, 미래의 과보를 구하지 아니하면, 이것을 일러 완진한 법보시라고 합니다."
그때에 성안에 사는 가장 천한 거지도 유마 거사의 법문을 듣고 나서, 깨달음을 향한 마음(아뇩다라삼먁삼보리)을 내었습니다. (『유마경』 보살품 선덕편)

유마 거사는 거지들에게 물질적인 보시를 하면서도 그 안에 '주는 사람, 받는 사람, 나아가 주는 물건'에 대한 교만과 집착이 없는 무주상無住相보시의 도리를 설합니다. 무주상보시는 그 뜻이 매우 깊습니다. 보시를 받는 가난한 사람은 두려움과 슬픔에서 벗어나고, 보시하는 사람은 교만과 기복적인 이기심에서 벗어납니다. 주는 물건에 대한 집착도 내려놓아야 합니다. 그러므로 무주상보시는 물질적인 보시를 통해, 보시를 주고 받는 사람이 모두 무아無我와 공성을 도리를 깨닫게 합니다. 보시에 이처럼 가이 없는 깨달음을 담아내는 대승불교의 보시는 보살행의 정수이며, 참으로 털구멍에 수미산을 담는 소식입니다.

『열자(列子, 황제편)』에는 바닷가에 사는 한 아이의 이야기가 있습니다. 아이는 늘 바닷가에 나가 갈매기와 함께 놀았습니다. 갈매기는 아이의 머리와 어깨에 내려앉기도 합니다. 어느 날 그 아비가 병이 들자, 의사는 아이에게 아버지의 약으로 쓰기 위해 갈매기를 잡아오라고 합니다. 바닷가에 간 아이는 갈매기를 잡으려고 했지만, 평소와 달리 한 마리도 날아오지 않았습니다. 갈매기는 이미 아이의 의도를 감지하였던 것입니다.

보시하는 사람이 속으로 명예나 돈에 대한 야망이 있으면, 가난한 사람은 이내 눈치를 챕니다. 갈매기뿐만 아니라 모든 생명은 이처럼 스스로 자기를 보호하는 순수한 감각을 지니고 있습니다. 가난한 사람들을 복지의 대상이나 포교의 대상으로만 보는 것은 받는 사람의 자존심을 무너뜨리는 결과를 가져옵니다. 그런 보시의 현장에는 주고 받는 사람 사이에 위선과 기만이 가득합니다. 위선적인 보시는 받는 사람의 분노를 삽니다. 진정으로 무주상보시가 되기 위해서는 주는 사람이 공명심과 기복적 유혹을 참아야 합니다. 특히 미래의 과보에 대한 집착을 내려놓으면, 마침내 무심한 보시에 이르게 됩니다. 받는 사람이 흔연히 깨달음에 마음을 내는 보시는 오직 무심한 보시입니다. 무심한 보시는 주는 사람, 받는 사람, 그리고 주는 물건이 모두 텅 비어 있는 도리(三輪空寂)에서 나옵니다.

유마 거사의 방은 비록 작지만, 일체 중생들의 해탈과 깨달음을 위해 걸림 없이 방편을 굴리는 대승보살의 행이 일어나는 곳입니다. 유마 거사의 방에 있는 보석상자는 가난한 사람들에게 아무리 나누어 주어도 바닥이 드러나지 않습니다. 이 신통력은 오직 공空과 무아無我의 도리를 곧은 마음으로 행하는 데서 일어납니다. 우리 사회가 각박한 것은 보시할 재물이 부족해서가 아니라 보시를 받아 제대로 어려운 사람들에게 돌려주는 곳이 많지 않기 때문입니다.『유마경』은 유마 거사와 같은 광대한 보살행은 오직 공성을 투철히 깨닫는 데서 온다고 강조하고 있습니다.

지세보살의 권위

불교는 자리이타自利利他의 종교입니다. 스스로 깨달음과 해탈을 얻으니 자리自利요, 그 법익法益을 중생들에게 돌려주니 이타利他입니다. 보시, 지계, 인욕, 정진, 선정, 지혜 등 육바라밀의 첫째는 보시바라밀입니다. 대승불교에서 보시를 가장 먼저 앞세운 것은, 상대방과 자기의 관계의 거울 속에서 자기의 수행을 보는 의미가 있습니다.

불교의 보시는 기업체나 정부의 '영세민 돕기'와는 근본이 다릅니다. 기업체나 정부는 실적이 중요할지 몰라도, 불교의 보시는 무엇보다 자신을 비우는 데 가치가 있습니다. 자신을 비워야 하는 것은 거창하게 세상의 소금이 되기 위해서가 아니라, 서산 대사가 일찍이 말했듯이, 빈손으로 왔다가 빈손으로 가는 것이 우리 집안의 살림살이기 때문입니다. 불교 간판을 내건 봉사단체의 대표가 마치 대기업 총수처럼 행동하는 것을 보면 참으로 마음이 착잡합니다. 남에게 밥을 공양했으면, 그릇을 씻어야 합니다.

부처님은 깨달음을 얻기 위해서는 '너다, 나다'라는 망상을 비

우라고 가르쳤고, 급기야 『금강경』에서는 불법佛法이라는 이름마
저도 내려놓으라고 했습니다. 조주 선사는 한 스님이 법당에서 불
상에 절을 하자 '일 있는 것이 일 없는 것만 못하다(有事不如無事)'
고 말했습니다. 유마 거사의 법문처럼, 아무리 많은 사람들에게
보시하더라도, 모두 허깨비가 허깨비에게 주는 공성空性의 보시입
니다. 자기를 내세우지 않는 무주상 보시, 겸손하고 조용한 이타
행은 세상을 바꿀 수 있지만, 생색을 내는 이타행은 남을 감동시
키지 못하며, 권위를 앞세우는 요란한 설법은 대중을 노예로 만듭
니다.

봉사단체에서 일하는 사람에게서 볼 수 있는 가장 큰 미망은 무
엇보다 도덕적 정당성이 자신에게 있다는 생각이 아닌가 합니다.
몇 년 전 한 신문에서 읽은 한상봉 님(가톨릭뉴스 지금여기 편집국
장)의 글은 한 신부(마누엘)에 대한 감동적인 이야기를 전해 주었
습니다.

빈민촌에서 가난한 이들과 함께 헌신적으로 살던 마누엘 신부
는 어느 날 스스로 이렇게 물었다. '내가 사제가 아니었어도 이
처럼 살았을까?' '내가 그리스도인이 아니었어도 이렇게 살았
을까?' '만일 복음서에서 예수가 명령했기 때문에 내가 가난한
이들과 더불어 살고 있다면 나의 투신과 신앙은 불순하다.'고
생각했다. 그는 마침내 사제복을 벗고, 그리스도교 신앙마저
포기한 채 무신론자로서 남은 생애를 빈민촌에서 살았다. 마누

엘 신부는 죽기 전에 이런 기도를 바쳤다고 한다.

"주님, 제가 무신론자로 살 수 있도록 도와주셔서 감사합니다."

이 글을 읽으며 몇 년 전 세상을 떠난 허병섭 목사(1941~2012)를 떠올렸습니다. 허 목사는 한국신학대학을 나와 빈민목회를 한 분입니다. 1970년대 중반, 청계천 일대의 꼬방동네가 철거되자, 허 목사는 성북구의 달동네로 들어가 교회(동월교회)를 차렸습니다. 거기서 가난한 맞벌이 부부의 자녀들을 돌보기 위해 탁아소를 짓기도 했습니다. 고인은 가난한 사람들과 함께 활동하며 나중에는 목사직마저 반납했습니다. 한국 기독교장로회 역사상 처음 있는 일이었습니다. 목사직을 반납하고 나서, 그는 이렇게 말했습니다.

"노동자와 빈민들과 함께 싸우다 구속돼도, 경찰이 노동자에게는 거친 언행을 퍼부으면서도 목사에게는 존칭을 쓰며 대접하는 것이 죄스럽고 괴로웠다."

마누엘 신부나 허병섭 목사를 보면 그분들의 겸손한 비움에 고개를 숙이게 됩니다. 이분들은 목사나 사제직 자체가 장애라고 생각하기보다, 목사나 사제직에게 주어지는 사회적 대우나 도덕적 정당성이 이웃과 진정한 교류를 막는 장애임을 깨달은 분들입니다. 두 사람은 가난한 이웃과 진정으로 만나기 위해 자신이 서 있는 기반마저 내려놓은 분들입니다. 마음을 비우는 것은 불교의 전유물이 아니라 진정한 만남을 원하는 사람이라면 스스로 선택하는 길입니다.

대승경전인 『유마경』의 보살품에는 지세持世보살이 등장합니다. 지세보살은 중생에게 기쁨을 주고, 중생이 의지할 집이나 고을이 되어 중생을 구제하고자 서원한 사람입니다. 오늘 날로 보자면, 자선단체를 운영하는 불자라고 할 수 있습니다. 하루는 마왕이 지세보살을 유혹하기 위해 제석천(하늘의 천신)의 모습으로 나타났습니다. 마왕은 지세보살을 칭송하며 자신이 거느리는 여자들을 시녀로 삼아 좋은 일을 많이 하라고 권했습니다. 그러자 지세보살은 자신은 출가자이므로 여자들을 가까이 할 수 없다고 사양했습니다. 이때 유마 거사가 나타납니다. 유마 거사는 자신이 그 여자들을 다 거두겠다고 말합니다. 당황하는 마왕을 옆에 두고, 유마 거사는 마왕의 여자들에게 진리를 추구하는 기쁨에 대해 설법했습니다.

"같은 부류의 사람들에게 가까이 다가서는 즐거움, 자신과 다른 입장에 놓인 사람에게 미움이나 노여움을 품지 않는 즐거움, 좋은 벗을 사귀는 즐거움, 나쁜 친구의 악행을 고쳐 주는 즐거움, 진리를 흠모하여 큰 기쁨을 얻는 즐거움 등 이것이 바로 모든 보살이 누리기를 원하는 법의 즐거움입니다."

(『유마경』 보살품 지세보살편, 박용길 역)

256

법의 즐거움은 자신과 같은 사람에게 다가서는 기쁨뿐만 아니라, 다른 입장에 놓인 사람에게 분노를 품지 않는 기쁨이기도 합니다. 좋은 벗을 사귀며, 나쁜 벗의 악행을 고쳐주는 것은 상대방을 가리지 않는 태도입니다. 유마 거사는 계율이 자기와 남을 가르는 이유가 되어서는 안 된다고 역설합니다. 계율을 지키며 얻는 도덕적 정당성은 자신을 지키는 힘이 되지만, 반대로 현실에서는 사람을 억압하는 권위가 되기도 합니다. 유마 거사는 지세보살에게 '여자를 멀리하는 계율의식이 도리어 중생을 외면하는 모순'을 돌아볼 것을 요구했습니다.

유마 거사는 안과 밖이 공空하여 둘이 아니라고 설하며, 중생을 안과 밖으로 나누지 말라고 합니다. 그러나 현실을 보면, 수행자의 계율의식은 자기와 남을 가르고 권위를 쌓아갑니다. 대중 위에 군림하고 있는 자아를 보지 못하는 지성은 지적 무의식 상태에 빠져 있다고 할 수 있습니다. 어려운 사람을 돕고 대중에게 법문을 하는 사람에게 주어지는 도덕적 정당성과 권위는 비록 세속적 입장에서는 자랑스러운 일일 수 있지만, 공문空門에서는 아직 문 밖입니다. 한 물건도 얻을 바 없는 도리를 진실하게 참구해야 하는 까닭이 여기에 있다고 하겠습니다.

스승의 주먹

아난(아난다)존자는 잘 알려져 있다시피, 부처님과 성이 같은 석가족이고, 사촌동생입니다. 게다가 부처님을 가장 오래 모셨으니, 승단 안에서의 권위 또한 높았다고 볼 수 있습니다. 비구니 교단을 만들자고 부처님에게 간청해서 허락을 얻은 이도 아난존자였습니다. 자기방어를 하기 힘든 여성이 탁발수행자로 살기가 얼마나 어려웠을까요? 지금부터 2,500여 년 전이라면 더 말할 것도 없겠습니다. 그래서 부처님이 허락하지 않았던 것인데, 결국 아난존자가 부처님의 마음을 바꾸어 놓았던 것입니다.

여성도 수행하면 남자와 똑같이 깨달음을 얻을 수 있다는 진실 앞에는 부처님도 더 이상 아난존자의 주장을 외면할 수 없었습니다. 남성 위주의 고대사회에서 여성에게도 깨달음의 문을 열어준 아난존자는 참으로 세상의 절반을 바르게 본 사람입니다. 미국에서 백인 여성에게 참정권을 준 때가 지금부터 불과 100여 년 전인 것을 생각하면, 아난존자의 넓은 안목에 경탄하지 않을 수 없습니다. 실제 당나라 스님 현장은 인도에서 머물 때, 비구니 스님들 처소에 아난존자의 초상이 모셔져 있는 것을 보았다고 했으니, 당시 비구니 스님들이 아난존자를 얼마나 추앙했는지 짐작할 수 있습니다.

아난존자는 소신이 있는 수행자이지만, 또한 매우 겸손한 분입니다. 그는 자신과 관련된, 어찌 보면 부끄러울 수도 있는 '사권(師拳, 師捲)'에 대한 이야기를 후세의 불자들에게 전해줍니다. 사권은 '스승의 주먹'이란 뜻입니다. 사권은 스승이 제자에게 법의 정통성을 전하는 인도 고대 종교교단의 관습입니다. 스승은 죽을 때 그의 깨달음이나 교리의 비밀을 손바닥에 적습니다. 그리고 상수제자를 불러 주먹을 펴서 손바닥에 적은 것을 보여줍니다. 상수제자는 스승의 주먹에서 최후의 비결이나 깨달음의 정수를 알게 됩니다. 이렇게 해서 제자는 스승의 자리를 잇게 됩니다.

아난존자도 부처님이 임종이 가까워지자 부처님에게 사권을 보여 달라고 했습니다. 그 당시 관습으로 보면 당연한 것이라고 볼 수 있습니다. 아니면, 부처님이 열반에 들면 자신이 교단의 대표가 되고 싶은 욕망이 있었던 걸까요? 경전은 이때의 상황을 다음과 같이 전합니다.

그 후 세존께서 안거에 들었을 때에 심한 질병이 생겼다. 고통스러운 느낌 때문에 사경에 들 정도였다. 그러나 세존께서는 그곳에서 깊이 새기고 올바로 앎으로서 고난을 겪지 않고 참아내셨다. 그래서 세존께서는 질병에서 일어나셨다. 질병에서 일어나신 지 얼마 되지 않아 정사에서 나와 승원 뒤의 그늘에 마련된 자리에 앉으셨다. 그러자 존자 아난다는 세존께서 계신 곳을 찾았다. 한쪽으로 물러앉은 아난다는 세존께 이와 같이 말했다.

"세존이시여, 참아내셨으니 더없이 기쁩니다. 세존께서 병이 드셨기 때문에 실로 저의 몸은 마비되고 제 앞은 캄캄하고 가르침도 제게 아무런 소용이 없었습니다. 그러나 세존이시여, 저는 '세존께서는 수행승들의 승단을 위해 무엇인가를 말씀하시기 전에는 완전한 열반에 들지 않을 것이다.'라고 생각하고 어느 정도 안심을 하였습니다."

"아난다여, 수행승의 승단이 나에게 바라는 것은 무엇인가? 아난다여, 나는 안팎 없이 가르침을 다 설했다. 아난다여, 여래의 가르침에 감추어진 사권師拳은 없다. 아난다여, 여래는 '내가 수행승의 승단을 이끌어간다'라든가 '수행승의 승단이 나에게 지시를 받는다'라고 생각하지 않는다. 내가 수행승의 승단에 관하여 더 이상 무엇을 언급할 것인가?"

(『쌍윳따니까야』6권 질병의 경, 전재성 역)

사권을 묻는 아난존자에게 부처님은 모든 사람에게 진리를 남김없이 모두 설했으니, 그대에게는 어떠한 감추어진 사권도 없다고 말합니다. 더욱 놀라운 것은, 부처님은 당신이 승단을 이끌어간다든가, 또는 누가 승단의 후계자가 되어야 한다는 어떤 지시도

할 생각이 없다고 말씀합니다. 부처님은 당신이 세운 교단에 대해 어떠한 권위의식도 가지고 있지 않았습니다.

저는 살아오면서, 수행단체가 크든 작든, 조직을 자기 마음대로 좌지우지해야 권위가 선다고 생각하는 스승을 적지 않게 보았습니다. 스승의 임종을 전후하여, 서로 후계자가 되려고 싸우는 모습도 보았습니다. 재산과 명예에 눈이 어두워지면, 평생의 수행이 무너지는 것도 아랑곳하지 않습니다. 부처님은 아난에게 다음과 같은 가르침을 남겼습니다.

"아난다여, 나는 지금 늙고 해가 갈수록 쇠약해지고 만년에 이르렀다. 내 나이는 여든을 넘어서고 있다. 아난다여, 마치 낡은 수레가 밧줄에 의지해서 계속 유지되듯이, 여래의 몸도 가죽끈에 의지해서 계속 유지되는 것과 같다. 그러므로 아난다여, 자신을 섬으로 하고 자신을 귀의처로 삼지 남을 귀의처로 삼지 말고, 가르침을 섬으로 하고 가르침을 귀의처로 삼지 다른 것을 귀의처로 삼지 말라.

아난다여, 지금이든 내가 멸도한 뒤에든지 자신을 섬으로 삼고 자신을 귀의처로 삼지 남을 귀의처로 삼지 말고, 가르침을 섬으로 하고 가르침을 귀의처로 삼지 다른 것을 귀의처로 삼지 않는다면, 그들은 누구라도 배우고자 열망하는 나의 수행승들 가운데 최상의 존재들이 될 것이다." (『쌍윳따니까야』 6권 질병의 경)

"가르침을 섬으로 삼고, 자신을 섬으로 삼아 수행하라"는 부처님의 말은 불자들에게 널리 알려져 있습니다. 이 말씀은 부처님 임종 당시의 상황을 고려할 때, 비로소 그 의미가 분명해집니다. 부처님의 가르침에는 권위와 차별이 없으니, 누구라도 부처님의 가르침을 따라 수행하는 자가 부처님의 최상의 제자입니다. 「질병의 경」을 읽으면, 권위에 둘러싸여 법당 위에 높이 앉아 있는 부처님이 아닌, 여든의 나이에 죽음을 눈앞에 두면서도 진리 앞에 겸손한 한 꼿꼿한 수행자의 모습을 발견하게 됩니다.

『유마경』을 보면 사권을 거부한 부처님의 뜻이 그대로 전해지고 있는 것을 볼 수 있습니다. 문수보살이 자애심이 무엇이냐고 묻자, 유마 거사는 이렇게 대답했습니다.

> "공空과 무아無我의 도리를 알기에 시달림을 모르는 자애심이
> 며, 스승의 주먹이 아니기에 법을 보시하는 자애심이며, 파계
> 한 중생을 거두어 주기에 지계의 자애심입니다."
>
> (『유마경』관중생품, 박용길 역)

여기서 "스승의 주먹이 아니기에 법을 보시하는 자애심이며" 이 구절이 바로 사권師拳이 없는 부처님의 유지를 여실히 보여주고 있습니다. 부처님의 가르침에는 비밀이 없기에 누구에게나 아낌없이 그리고 남김없이 보시하는 것이며, 그것이 바로 참다운 자애의 마음이라고 설법하고 있습니다. 모든 사람을 성불의 길로 이

끄는 유마 거사의 서원은 이렇게 부처님의 사권의 가르침에 뿌리를 두고 있습니다.

『유마경』 제자품(라훌라편)에는 장자의 아들들이 나타납니다. 그들은 출가해서 부처님의 가르침을 배우고 싶지만, 부모님의 허락을 받지 못해 좌절하고 있었습니다.

그때에 유마 거사가 여러 장자의 아들들에게 말했다.

"그대들은 바른 법 가운데에 마땅히 함께 출가하시오. 왜냐하면, 부처님이 계신 세상을 만나기 어렵기 때문입니다."

여러 장자의 아들들이 말했다.

"거사님, 우리가 듣기로는 부처님께서는 부모님께서 듣지 않으시면 출가를 할 수 없다고 말씀하셨다고 합니다."

유마 거사가 말했다.

"그렇습니다. 그러나 지금 그대들이 위없는 올바르고 완전한 깨달음(아뇩다라삼먁삼보리)에 마음을 내면, 이것이 곧 출가이며, 이것이 곧 구족계를 받은 것입니다."

그때 서른두 명의 장자의 아들들이 모두 위없는 올바르고 완전한 깨달음에 마음을 냈습니다.

재가자라도 깨달음에 뜻을 세우면 곧 출가이며, 뜻을 세운 사람이라면 심지어 구족계를 받은 비구와 같다고 강조하는 유마 거사의 말은 어찌 보면 매우 과격합니다. 그러나 폐쇄적인 권위와 차별을 거부하는 불교의 진리정신에 비추어 보면 유마 거사의 말은 한 시대 승단의 바위같이 견고한 교만과 권위를 깨우는 죽비입니다.

깨달은 진리를 남김없이 모두 공개한 석가모니 부처님, 천대받는 여성도 진리에 다가갈 수 있게 한 아난존자, 사는 동안 복이나 짓는 게 최선이라고 생각하며 좌절하는 재가불자들에게 깨달음의 길을 열어준 유마 거사 등, 불교에는 이처럼 일체 중생이 깨달음을 얻는 진리와 자비의 정신이 면면히 흐르고 있습니다. 부처님의 가르침에는 스승이라고 해서 움켜지고 숨기는 사권이 없습니다. 가르고 나누고 폄훼하고 군림하는 것은 불교의 성신이라고 할 수 없습니다.

불교의 진리가 누구에게나 열려 있는 것은 무엇보다 나를 내려놓는, 그래서 유혹을 이겨낸 진실한 수행자들이 있었기 때문입니다. 부처님은 여든의 나이에 병마에 시달리면서도 여느 교단의 스승처럼 후계자를 지명하여 늙은 한 몸을 편안하게 할 유혹을 버렸습니다. 아난존자는 부처님이 열반한 뒤 경전을 암송할 때 부처님과 자신 사이에 있었던 사권에 대한 이야기를 전했습니다. 자신에게 부끄러울 수도 있는 이야기를 그대로 후세에게 전해 차별과 권위가 없는 부처님의 가르침을 널리 알렸습니다.

무아의 가르침은 '내 것'에 대한 탐욕과 권위에서 멀리 떠나는 진정한 자유와 기쁨의 길입니다. 이 진리를 통해 부처님은 스스로 자유의 길을 걸었으며, 교단의 수행자들 또한 부처님의 가르침을 따라 스스로 깨달음과 해탈의 길을 걸었습니다. 사권을 거부한 부처님의 뜻을 새기며, 다시 한 번 우리의 삶과 수행을 돌아봅니다.

 사족

우리가 흔히 보는 『유마경』은 구마라즙이 번역한 것입니다. 구마라즙은 중국인들에게 사권師拳을 번역할 때 의역을 했습니다. 혹고대 인도 교단의 풍습을 설명하기 번거로워서가 아니었을까요? 구마라즙은 이렇게 번역했습니다.

"법을 보시하는 자비를 행하여야 하니, 아끼고 감추는 것이 없기 때문이다.(行法施慈 無遺惜故)"

반면 현장이 번역한 『유마경』(설무구칭경)에는 사권을 직역했습니다.

"법을 보시하는 자애를 닦으니, 사권(스승의 주먹)을 떠났기 때문입니다.(修法施慈離師捲故)"

진정한 참회

참회는 자기의 죄를 고백하고 용서를 구하는 행위입니다. 진정성이 담긴 참회는 자기를 죄의식에서 벗어나게 할 뿐만 아니라 피해를 받은 주위 사람까지 마음을 열게 합니다. 그러나 세상을 보면 참회가 얼마나 어려운 일인지 절감하게 됩니다. 죄를 지었는데도 한사코 부정하는가 하면, 용서를 구한다 해도 건성일 뿐 누가 보아도 뻔한 위선을 보이기도 합니다. 심지어 전체 조직을 위해 억지 참회를 하는 것도 볼 수 있으니, 이제는 무엇이 참회인지조차 분별하기 어려운 세상이 되었습니다. 속과 겉이 다른 세상은 자신과 남을 모두 불신과 절망에 떨어지게 합니다.

참회를 해도 마음속에 죄의식이 남아 있다면 올바른 참회라고 할 수 없습니다. 『유마경』 제자품(우바리 존자)에서 유마 거사는 이 문제를 다루고 있습니다. 어느 날 두 비구가 계율을 범해 우바리(우빨리)존자를 찾았습니다. 우바리존자는 부처님의 제자 가운데 계율에 관해 가장 해박한 비구입니다. 부처님이 열반에 든 뒤, 제자들이 모여 경전을 결집할 때에 율장을 암송한 이가 우바리 스님입니다.

"대덕 우바리여, 저희 둘은 잘못을 범한 일이 너무도 부끄러워 차마 세존을 찾아뵐 수가 없습니다. 대덕께서는 부디 저희의 불안과 의문을 씻어 주시어 속히 죄로부터 구원해 주시기를 바랍니다." (『유마경』 제자품 우바리 편, 박용길 역)

우바리존자는 두 비구에게 부처님이 정한 율장의 항목과 그에 맞는 벌에 대해 자세하게 풀이해 주었습니다. 그때 유마 거사가 나타나 우바리에게 이렇게 말했습니다.

"대덕 우바리여, 그대는 부디 저 비구들의 잘못을 더 이상 부풀리거나 더럽히지 마시고, 그들이 속히 죄책감에서 벗어날 수 있도록 바로 인도해야 합니다. 죄는 안에도 없고 밖에도 없으며 안과 밖 이외의 어디에도 찾아볼 수 없습니다. 왜냐하면 세존의 말씀 가운데, '마음이 오염됨으로써 중생이 오염되고 마음이 청정해짐으로써 중생 또한 청정해진다'는 말이 있기 때문입니다.
대덕이여, 마음은 분명히 안에도 없고 밖에도 없으며 또한 안과 밖 이외의 어느 곳에서도 찾아볼 수가 없습니다. 마음과 마찬가지로 죄 역시 그러합니다. 죄와 마찬가지로 모든 존재 역시 그러해서 결코 진여眞如로부터 따로 벗어날 수가 없는 것입니다."

부처님이 세운 율장에는 다양한 계율항목이 정해져 있으며, 누구라도 그것을 어겼을 경우 승가는 율장에 따라 벌을 내립니다. 계율을 범한 비구는 스스로 율장에 정한 벌을 감당해야 합니다. 벌을 감당한 비구는 죄에서 벗어납니다. 그러나 유마 거사가 살았던 시대는 형식이 내용을 지켜주지 못했습니다. 참회를 해도 여전히 죄책감이 남아 있으며, 죄에서 벗어나게 해야 할 벌이 오히려 죄의식을 부풀리는 결과를 가져왔습니다. 이런 상황에서 유마 거사는 무엇보다 마음의 실상을 아는 것이 중요하다고 주장했습니다. 마음은 본래 청정하여 안과 밖 어디에도 존재하지 않는 것과 같이, 죄 또한 그 본성은 어느 곳에서도 찾아볼 수 없습니다. 이와 같이 죄와 마음의 본성이 공하여 여여한 실상(眞如)에 눈을 떠야 죄의식에서 벗어납니다.

유마 거사의 주장은 계율을 어긴 비구에게 벌을 주어야 하는 승가의 현실에서는 피상적이고 비현실적인 생각으로 비칠 수 있습니다. 유마 거사는 이런 비판을 염두에 두고 답변을 이어갑니다.

"대덕 우바리여, 모든 사람들의 마음은 바로 그 오염이 없는 상태를 본성으로 삼습니다. 분별은 곧 오염이니, 분별이 없고 망상도 없는 것이 마음의 본성입니다. 뒤바뀐 생각이 곧 오염이니, 뒤바뀐 생각이 없는 것이 본성입니다. 자아가 있다고 잘못 생각하는 것이 오염이니, 무아無我가 바로 본성입니다.
대덕 우바리여, 모든 존재는 계속 나고 멸함으로써 한순간도

멈추어 있는 법이 없으며, 허깨비 같고 구름 같으며 번개와 같습니다. 일체의 존재는 물 위에 비친 달이고, 거울에 비친 허상과 같으며, 마음의 분별에 의해 생겨난 것입니다. 이러한 사실을 꿰뚫는 사람, 바로 그 사람을 일러 계율을 지키는 자라고 말하겠습니다." (『유마경』 제자품 우바리 편, 박용길 역)

존재의 실상이 무아요, 허상임을 깨닫는 사람은 '내가 죄를 지었다'라는 분별이 망상임을 깨닫고, 죄책감에서 벗어납니다. 만법이 다 공한 것을 깨달아 '내가 있다'는 뒤바뀐 생각에서 벗어나는 것이 진정한 참회이며, 계율을 지키는 자입니다.

내가 '누구누구'라는 분별이나, 무엇을 성취했거나 아직 얻지 못했다는 망상은 두려움을 낳고, 두려움은 '내 것'에 대한 애착을 낳습니다. 출세간의 세계에서도 겉으로 나타나는 형태만 다를 뿐, 세간과 같은 위선을 안고 있습니다. 분별의 본질은 내 것에 대한 애착입니다. 분별에 대한 근본적인 성찰이 없으면, 비록 잘못을 참회한다고 해도 죄의식과 오만은 그대로 남아 있거나 오히려 더욱 커집니다. 중생을 성숙시키는 일은 무엇보다 무아와 공성空性을 깨닫게 하는 데 있다고 한 유마 거사의 법문은 '네 것과 내 것'을 따지는 우리의 삶을 다시 돌아보게 합니다.

미륵의 긴 꿈

미륵보살은 한 생만 지나면 성불하게 된다고 부처님의 수기를 받은 사람입니다. 미륵은 도솔천에 태어나 현재 머물고 있으며, 하늘사람(天人)을 제도하고 있습니다.『미륵상생경』과『미륵하생경』에 따르면, 미륵은 56억년 동안 도솔천에서 하늘사람들에게 설법을 하고 나서는, 마지막 한 생을 채우기 위해 염부제, 즉 우리가 사는 세상에 태어납니다. 그리고 용화수 아래에서 성불합니다.

미륵이 태어나는 세상은 곡식이 풍족하고 인구가 번창하며, 마을과 마을에 닭소리가 잇달아 들릴 정도로 고요합니다. 배가 고프면 쌀이 생기고, 옷을 입고자 하면 옷이 저절로 생깁니다. 보석이 흙과 돌처럼 흔해, 더 이상 보석으로 싸우고 죽이며 감옥에 갇히는 사람이 없습니다. 미륵경에는 이처럼 평화로운 세상을 바라는 민중들의 염원이 담겨 있습니다. 미륵에 대한 설화는, 제가 아는 한, 아함부 경전이나 니까야 등 초기경전에는 보이지 않는 것으로 보아, 부처님 입멸 후 상당한 세월이 지나 형성된 것이 아닌가 짐작이 됩니다.

사람들은 세상이 험할 때마다 미륵보살이 내려오기를 애타게 기다렸습니다. 우리 역사에도 나라가 혼란할수록 미륵이 나타났습니다. 조선시대 말기 왕정이 무너지고 일본 등 열강이 쳐들어올 때에도 백성들은 증산교나 보천교의 교주들을 미륵으로 받들었습니다. 신라가 망하고 후삼국 시대에 들어섰을 때는 여러 명의 미륵이 나타났습니다. 후고구려의 궁예도, 후백제의 견훤도 자신이 미륵이라고 주장하였습니다. 그러나 궁예 미륵은 왕건에 쫓기다 칼에 죽고, 견훤 미륵은 왕건에 투항했습니다. 고려를 연 왕건도 스스로 미륵이라 하였으니, 고려가 설 때까지 후삼국시대는 어찌 보면 미륵끼리의 전쟁이라고 할 수 있습니다.

　견훤, 궁예, 왕건이 하나 같이 미륵을 자처한 것을 보면, 신라가 망하면서 세상이 얼마나 어지러웠는지 상상할 수 있습니다. 세상이 어지러워 전쟁이 일어나면, 백성들은 부역에 시달리고 가족이 흩어지는 참극을 맞으며, 굶주림과 약탈로 심한 고통을 당합니다. 과연 미륵이 내려왔으면, 이처럼 백성들을 앞세워 칼과 창을 쓰며 전쟁을 일삼았을까요? 백성들의 고통을 생각하면, 미륵을 자처하는 자들의 헛된 욕망에 탄식하지 않을 수 없습니다.

　『유마경』보살품에 보면, 맨 처음 미륵보살과 유마 거사의 문답이 나옵니다. 미륵보살이 하늘사람들에게 설법을 하고 있을 때, 유마 거사가 찾아옵니다. 유마 거사는 미륵에게 한 생이란 무엇인지 묻습니다. 한 생만 지나면 성불한다고 하는데 그 한 생이란 무엇이냐는 것이지요. 즉, 과거 현재 미래 중 어느 때의 한 생인지 묻습니다. 그리고 수기를 받았다는 것은 무엇인지, 나아가 수행을 해서 얻는 깨달음은 무엇인지 묻습니다.

미륵은 유마 거사의 물음에 무슨 말을 해야 할지 몰랐습니다.(『유마경』에서 등장하는 미륵은 아직 공성空性의 진리에 투철하지 못한 보살입니다. 이것은 유마경 편찬자가 대승의 공사상을 드러내기 위해 임의로 설정한 형식입니다.)『유마경』(유마힐소설경)은 미륵에게 한 유마 거사의 법문을 이렇게 전하고 있습니다.

"보리(깨달음)란 정작 누가 그곳으로 들어가는 것도 아니고, 그곳으로부터 나오는 것도 아닙니다. 미륵이시여, 부디 저 천신들로 하여금 보리를 무언가 특별한 것인 양 망상케 하는 일은 삼가해 주십시오. 보리란 몸으로 깨닫는 것도 아니고 마음으로 깨닫는 것도 아닙니다. 보리란 모든 상相이 적멸한(사라져 고요한) 자리입니다. 보리란 일체의 인식 대상에 얽매이지 않는 것입니다. 보리란 모든 분별을 여의고 움직임과 생각과 마음의 동요를 훌쩍 벗어나 있습니다. (중략)
왜냐하면 몸은 단지 풀이나 나무나 돌담이나 도로나 그림자에 지나지 않으며, 마음은 정작 비물질적인 것이고, 모양과 근거가 없는 것이며, 내보일 만한 대상이 없는 것이기 때문입니다."
(『유마경』보살품 미륵보살 편, 박용길 역)

유마 거사는 깨달음은 몸으로부터 오는 것도 아니요, 마음으로

부터 오는 것도 아니라고 말합니다. 유마 거사의 천둥 같은 설법 앞에서는 몸과 마음에 대한 집착이 한 순간에 사라져 버립니다. 여기서는 참선을 얼마나 오래 했는지 햇수를 따질 여지가 없으며, 경전에 대한 지식도 두 번째 소식입니다. 재가니 출가니 하는 승속에 대한 분별은 더 더욱 망념입니다.

최근 불교계에서는 깨달음이 과연 무엇인지 진지한 토론이 있었습니다. 깨달음은 이해하는 것이라고 주장하는 사람이 있는가 하면, 또 다른 쪽에서는 깨달음은 이해와 분별을 넘어서는 것이라고 주장합니다. 그 속에는 깨달음이 무엇인지에 대한 각자의 생각이 반영되어 있습니다. 유마 거사의 법문은 오늘 우리 불교의 혼란에 대승불교의 놀라운 사색과 성찰의 빛을 던져주고 있습니다.

유마 거사의 질책을 받는 '미륵'은 오늘 이 시대에도 나타납니다. 세상을 마치 자기가 좌우할 수 있다고 착각하여 권력을 함부로 휘두르는 정치가도 미륵이며, 세간과 출세간을 둘로 나누어 자기 자리를 고집하는 성직자나 수행자 또한 미륵입니다. 유마 거사의 법문은 단순히 수행자의 교만을 문제 삼는 데 그치지 않고, 일체 만법이 공空한 도리에서 이 모든 교만과 위선을 성찰하는 심오한 가르침입니다.

승찬 대사는 『신심명』에서 "둘이 하나에서 생기니, 하나도 지키지 말아야 걸림이 없다."고 말했습니다. 신심명 법문은 참으로 세상을 살아가는 수행자의 거울입니다. 그러나 하나를 세우고 둘을 나누는 수행자들이 나타나 조사의 가르침을 가리고 있습니다. 수행법이 훌륭하면 눈 밝은 사람을 배출하는 데 힘을 기울여야 함에도, 종파나 수행법을 잣대로 삼아 네편 내편을 나누고, 그 속에서 권위와 명예를 추구하며 미래의 안전에 집착합니다.

유마 거사의 법문을 듣고 미륵은 긴 꿈에서 깨어났습니다. 내가 누구라는 교만과 시간(과거, 현재, 미래)에 대한 집착이 사라진 것입니다. 교만과 미래에 대한 집착, 이 두 가지 분별이 쉬지 않는 한, 세상이 혼란할 때마다 우리 마음속 미륵이 칼과 창을 휘두르며 나타날 것입니다.

반야의 공空 도리는 사람을 만 길 벼랑에 서게 합니다. 이 일을 옛 선사들은 '가난한 농부의 쟁기마저 빼앗는다'고 했습니다. 옛 수행자들은 평생 닦아온 수행이나 공덕이 무너지는 고통과 수모를 겪으면서 진정한 공성의 진리를 깨달았으며, 그로 인해 자유와 해탈의 기쁨을 얻었습니다. 시간의 상相이 없는 수행자는 미래의 변화에 초연하여 자리에 욕심을 내지 않습니다. 깨달음의 상이 없는 수행자는 겸손하여 능히 다른 사람을 포용합니다.

미륵의 긴 꿈을 깨운 유마 거사의 법문은 자칫 경전에 대한 지식과 설법에 취해 자기의 마음속을 돌아보지 못하고 있는 오늘 우리에게 진정한 수행과 성찰의 깊이를 보여줍니다.

부 대사의 「심왕명」

부 대사가 지은 「심왕명」은 마음이 곧 부처이며, 말하고 듣는 이 대로가 곧 부처인 도리(是心是佛 卽心卽佛)를 설하는 게송입니다. 심왕명에는 스스로 터득한 대기대용의 법문이 상세합니다. 특히 8번, 14번과 16번 게송은 부 대사 평생의 살림살이라고 할 수 있습니다. 부 대사가 선정에 들어 나무 사이를 소요할 때, 석가모니 부처님이 이끌고 유마 거사가 뒤를 따랐던 도리가 이 심왕명 한 편에 담겨져 있습니다.

부대사傳大士 심왕명心王銘

(원문은 『경덕전등록』 제30권에서 인용하였다.)

1) 觀心空王(관심공왕): 텅 빈 심왕을 관찰하니

   玄妙難測(현묘난측): 그윽하고 오묘하여 헤아리기 어렵네.

   無形無相(무형무상): 형태도 모양도 없는데

   有大神力(유대신력): 신령한 큰 힘이 있도다.

2) 能滅千災(능멸천재): 능히 천 가지 재앙을 없애며

成就萬德(성취만덕): 만 가지 덕을 성취하니

體性雖空(체성수공): 바탕의 성품은 비록 비었지만

能施法則(능시법칙): 능히 법칙을 시행한다.

3) 觀之無形(관지무형): 관찰하면 형태가 없는데

呼之有聲(호지유성): 부르면 답하는 소리가 있다.

爲大法將(위대법장): 법을 시행하는 대장군이라,

心戒傳經(심계전경): 마음의 계를 경으로 전한다.

4) 水中鹽味(수중염미): 물속의 소금 맛과

色裏膠淸(색리교청): 빛 속의 은은한 청명함은

決定是有(결정시유): 있음이 분명한데

不見其形(불견기형): 형태를 볼 수 없다.

5) 心王亦爾(심왕역이): 심왕도 이와 같아서

身內居停(신내거정): 몸 안에 머물러 있나니

面門出入(면문출입): 눈 귀 코 등 문으로 드나들며

應物隨情(응물수정): 외물에 반응하며 물정을 따른다.

6) 自在無礙(자재무애): 자재하여 걸림이 없으며

所作皆成(소작개성): 하는 일을 모두 성취한다.

了本識心(요본식심): 근본을 터득하면 마음을 알고

識心見佛(식심견불): 마음을 알면 부처를 본다.

7) 是心是佛(시심시불): 마음이 바로 부처요

是佛是心(시불시심): 부처가 바로 마음이니,

念念佛心(념념불심): 생각생각 부처가 마음이면

佛心念佛(불심념불): 부처가 마음이라는 생각이 곧 염불이다.

8) 欲得早成(욕득조성): 속히 부처가 되고자 하는가.

戒心自律(계심자율): 마음을 계로 삼으면 저절로 율이 된다.

淨律淨心(정율정심): 청정한 계율은 청정한 마음에서 나오니

心卽是佛(심즉시불): 마음이 곧 부처이다.

9) 除此心王(제차심왕): 이 심왕 밖에는

更無別佛(갱무별불): 다시 다른 부처가 없으니,

欲求成佛(욕구성불): 부처가 되기를 바란다면

莫染一物(막염일물): 한 가지 경계에도 물들지 말라.

10) 心性雖空(심성수공): 마음의 성품은 비록 비었지만

貪瞋體實(탐진체실): 탐욕과 성냄은 그 몸이 단단하다.

入此法門(입차법문): 그러나 이 진리의 문에 들어오면

端坐成佛(단좌성불): 단박에 부처가 된다.

11) 到彼岸已(도피안이): 그리하여 저 언덕에 이르고 나서는

   得波羅蜜(득바라밀): 바라밀을 얻으리니,

   慕道眞士(모도진사): 도를 받드는 참 선비는

   自觀自心(자관자심): 스스로 자기 마음을 관하라.

12) 知佛在內(지불재내): 부처가 안에 있음을 알아

   不向外尋(불향외심): 밖을 향해 찾지 말라.

   卽心卽佛(즉심즉불): 마음 이대로 부처요

   卽佛卽心(즉불즉심): 부처 이대로 마음이다.

13) 心明識佛(심명식불): 마음이 밝으면 부처를 알고

   曉了識心(효료식심): 부처를 깨달아 알면 마음을 아느니,

   離心非佛(이심비불): 마음을 떠나서는 부처가 아니며

   離佛非心(이불비심): 부처를 떠나서는 마음이 아니다.

14) 非佛莫測(비불막측): 부처가 아니면 헤아리지 못하고

   無所堪任(무소감임): 일을 맡아 감당하지 못하나니,

   執空滯寂(집공체적): 빈 것空에 집착하고 고요함에 막히면

   於此漂沈(어차표침): 여기서 떠돌다 가라앉는다.

15) 諸佛菩薩(제불보살): 모든 부처와 보살들은 이렇게

   非此安心(비차안심): 빈 것과 고요함에 마음을 쉬지 않았다.

明心大士(명심대사): 마음을 밝히는 큰 선비는

悟此玄音(오차현음): 이 현묘한 소식을 깨달으라.

16) 身心性妙(신심성묘): 몸과 마음의 성품은 오묘하여

用無更改(용무갱개): 써도 다시 고칠 것이 없다.

是故智者(시고지자): 이런 까닭에 지혜로운 자는,

放心自在(방심자재): 마음을 내려놓아 걸림없이 자재하다.

17) 莫言心王(막언심왕): 심왕이 비었다고

空無體性(공무체성): 바탕의 성품이 없다고 하지 말라.

能使色身(능사색신): 능히 색신을 부리며

作邪作正(작사작정): 삿된 일도 하고 바른 일도 한다.

18) 非有非無(비유비무): 있는 것도 아니고 없는 것도 아니며

隱顯不定(은현부정): 숨거나 나타남에 일정하지 않으니,

心性離空(심성이공): 마음의 성품은 공을 떠나서

能凡能聖(능범능성): 능히 범부도 되고 성인도 될 수 있다.

19) 是故相勸(시고상권): 이런 까닭에 그대에게 권하느니

好自防慎(호자방신): 기꺼이 번뇌를 막고 스스로 삼가라.

刹邦造作(찰나조작): 잠깐이라도 업을 지으면

還復漂沈(환복표침): 다시 떠돌다 가라앉는 지경으로 돌아가리라.

20) 清淨心智(청정심지): 청정한 마음의 지혜는

   　如世黃金(여세황금): 세상의 황금과 같고,

   　般若法藏(반야법장): 반야의 법 곳간은

   　並在身心(병재신심): 몸과 마음에 두루 갖추어져 있다.

21) 無爲法寶(무위법보): 인위적으로 할 것이 없는 법의 보배는

   　非淺非深(비천비심): 얕지도 깊지도 않으니,

   　諸佛菩薩(제불보살): 모든 부처와 보살들은

   　了此本心(요차본심): 바로 이 본래의 마음을 깨달았다.

22) 有緣遇者(유연우자): 인연이 있어 이 심왕명을 만나는 자는

   　非去來今(비거래금): 과거 미래 현재가 한결같으리라.

부 대사의 교류수불류

『금강경오가해金剛經五家解』는 금강경을 빼어나게 풀이한 다섯 분(부 대사, 육조, 야부, 종경, 규봉)의 주석을 모은 것인데, 그중의 한 분이 부 대사입니다.

부 대사傅大士의 이름은 흡翕이며, 497년에 태어나 569년까지 73년을 살았습니다. 부 대사는 16세에 묘광妙光과 결혼하여 아들 둘을 두었는데, 24살에 물고기를 잡는 이야기가 나오는 것을 보면 부 대사는 생업이 어부였던 것 같습니다. 고기를 잡다가 고기를 보고 "갈려면 가고, 머물려면 머물라."고 말해 주위사람들이 바보라고 놀렸다고 하니, 자비심이 깊은 사람이었습니다.

부 대사는 24세에 인생의 큰 전기를 맞습니다. 인도에서 온 승려 숭두타嵩頭陀를 만나 불도에 입문하게 된 것입니다. 전생에 같이 공부했다는 이야기가 전할 정도로 부흡의 공부는 심오한 경지에 들었습니다. 운허 스님의 『불교사전』에는 다음과 같이 부 대사를 설명하고 있습니다.

"24세에 계정당稽停塘에서 인도에서 온 스님 숭두타嵩頭陀를 만나 불도에 뜻을 두었다. 송산의 쌍도수雙擣樹 사이에 암자를 짓고 스스로 이름하여 '쌍수림하 당래해탈 선혜대사雙樹林下當來解脫善慧大士'라 하다. 낮에는 품을 팔고, 밤에는 아내 묘광妙光과 함께 대법大法을 연설하여 이렇게 하기 7년에 소문이 사방에 떨쳐 천하의 명승들이 모여 왔다."

10년을 공부한 즈음, 부 대사는 529년(33세)에 양나라 임금 무제를 만납니다. 무제는 불심천자라고 할 만큼 불법에 대한 이해가 깊었습니다. 부 대사는 우선 무제에게 편지를 보냈는데,『경덕전등록』에서 다음과 같이 전하고 있습니다.

"대통6년 정월 28일에 제자 부왕傅王을 시켜 양고조梁高祖에게 글을 보내 이렇게 말했다. '쌍림수하 당래해탈 선혜대사雙林樹下 當來解脫 善慧大士는 삼가 국주 구세보살에게 아뢰나이다. 이제 상중하의 선을 가리고자 하니 잘 받아 지니기를 바랍니다. 최상의 선이라 함은 줄여 말하면 마음을 비우는 것이 근본이요, 집착하지 않는 것이 근본이요, 모습을 없애는 것이 원인이요, 그로 인해 얻는 과보가 열반입니다. 중간의 선이라 함은 줄여 말하면 몸을 다스리는 것이 근본이요, 나라를 다스리는 것이 조종이요, 천상과 인간의 안락한 과보를 받는 것입니다. 하급의 선이라 함은 줄여 말하면 뭇 생명을 보호하여 남을 해치는 것을 누르고, 살생을 버리어 온 백성이 모두 6재六齋를 지키게 하는 것입니다. (중략)"

부 대사는 수행이 깊었을 뿐만 아니라 중생 제도에도 몸을 아끼지 않았습니다. 양무제를 만나 백성을 살리는 보살행이 곧 나라를 다스리는 왕도의 조종이라고 말한 것을 보아도 짐작할 수 있거니와, 흉년이 들면 재산을 팔아 가난한 이들을 도왔습니다. 부 대사의 보살행을 보고 주위 부자들이 모두 감동하여 함께 동참하였다고 합니다. 『경덕전등록』에는 자신의 가산을 기울여 보시한 부 대사의 시를 전하고 있습니다.

살림을 기울여 내놓음은 중생을 위함이요
거룩한 부처님께 공양을 올리는 것이니
바라옵건대 단 이슬을 뿌려서
중생을 두루 적셔 주소서.
傾捨爲群品 奉供天中天 仰祈甘露雨 流澍普無邊

부 대사의 명성은, 당송시대의 여러 선사들이 다투어 그의 법문을 인용한 까닭도 있었겠지만, 대사의 보살행이 세상에 널리 알려진 것이 이유가 아닌가 생각됩니다. 경덕전등록에는 대사의 수행하는 모습을 이렇게 전합니다.

대사는 송산 마루턱에 줄지어진 나무를 돌면서
도를 닦으니, 칠불이 따라 감응하였는데,
석가가 앞을 이끌고, 유마가 뒤를 따랐다.

이 구절에서 특히 우리의 눈을 끄는 것은 "석가가 앞을 이끌고, 유마가 뒤를 따랐다."는 대목입니다. 석가모니 부처님의 정법을 따라 수행하며 유마 거사의 행을 실천하였다는 것이니, 이 구절이야말로 부 대사의 한 평생을 나타내고 있습니다. 부 대사가 남긴 글로는 『선혜대사어록』과 「심왕명」이 세상에 전합니다.

다음은 부 대사의 시 중 세상에 널리 회자되는 게송입니다. 특히 "다리는 흐르는데 물은 흐르지 않는다(橋流水不流)", "밤마다 부처를 안고 자고, 아침마다 함께 일어난다."는 구절은 많은 선사들이 다투어 인용하고 있습니다.

게송 두 수(頌二首)
空手把鋤頭(공수파서두): 빈손에는 호미를 들고
步行騎水牛(보행기수우): 길을 다닐 때는 물소를 탄다.
牛從橋上過(우종교상과): 소가 다리 위를 지나니
橋流水不流(교류수불류): 다리는 흐르는데 물은 흐르지 않네.

有物先天地(유물선천지): 한 물건이 있어 하늘 땅보다 앞서고
無形本寂寥(무형본적료): 형상이 없어 본래 고요하다.

能爲萬象主(능위만상주): 능히 삼라만상의 주인공이라,

不逐四時凋(불수사시조): 사계절을 지내도 시들지 않는다.

게偈

夜夜抱佛眠(야야포불면): 밤마다 부처를 안고 자고

朝朝還共起(조조환공기): 아침마다 함께 일어난다.

起坐鎭相隨(기좌진상수): 서고 앉을 때 늘 따라다니며

語默同居止(어묵동거지): 말하고 침묵할 때 함께 한다.

纖毫不相離(섬호불상리): 털끝만큼도 서로 떨어지지 않으니

如身影相似(여신영상사): 흡사 몸을 따르는 그림자와 같다.

欲識佛去處(욕식불거처): 부처가 있는 곳 알고자 하는가?

祇這語聲是(지저어성시): 소리 내어 말하는 바로 이것이로다.

(『선혜대사어록善慧大士語錄』)

너는 똥, 나는 고기

원효 대사와 혜공 대사, 그리고 대안 대사는 신라불교가 낳은 큰 보살입니다. 불교가 오로지 지식탐구의 대상이 되고 왕실의 전유물이 되었을 때, 이 세 사람은 세상 속에 들어가 백성들과 함께 어울리며 지냈습니다. 원효는 큰 바가지를 들고 노래와 춤으로 백성들과 함께 불법을 나누었으며, 혜공 대사 또한 술에 취해 거리를 다니며 백성들과 어울렸습니다. 대안 대사는 거리를 다니며 '평안하시오, 평안하시오(大安 大安)!'라고 외치며 목탁을 치고 다녔습니다. 이 분들의 보살행이 남달랐던 것은 형식을 뛰어 넘어 걸림없이 법을 굴렸기 때문입니다.

특히 원효 대사는 『금강삼매경론』, 『대승기신론소』 등의 뛰어난 저술로 중국 사람들도 해동보살이라고 추앙했습니다. 그러나 원효 대사는 정작 경전에 의문이 있으면 혜공 대사에게 물었다고 합니다. 혜공 대사는 술에 취해 백성들과 어울렸지만, 경전과 수행에 두루 깊은 선지식이었습니다.

원효와 혜공 대사의 삶은 출가자의 계율에서 보면 비도非道입니다. 그러나 그분들은 누구보다 부처님의 법을 실천한 수행자였으니, 같은 부처님의 법이라도 당시 왕실을 출입하는 스님들과 달랐던 것입니다. 책상다리에서 벗어나 직접 백성에게 다가간 원효와 혜공과 대안 대사의 전통은 만법萬法이 모든 빈 공성空性의 도리에서 나왔다고 할 수 있습니다. 만법이 다 허망하고 자성이 없어 텅 비어 있으니, 너와 내가 따로 없으며, 나고 죽음도, 깨끗함과 더러움, 얻음과 잃음도 없습니다. 만법이 공하여 그 속에 둘이 없는 불이법不二法은 걸림없이 방편을 굴려 중생을 제도하는 대승불교의 심오한 가르침입니다.

법을 굴리는 전통은 오늘까지 끊임없이 이어지고 있습니다. 수월 스님은 경허 선사의 눈밝은 제자였습니다. 그러나 스님은 큰 절 조실자리에 연연하지 않고 만주로 건너가 작은 절의 일꾼 스님이 되었습니다. 스님은 일제의 학정에 못이겨 만주로 피난 오는 동포들을 위해 밤새도록 주먹밥과 짚신을 만들었습니다. 그리고 사람들이 힘겹게 넘어오는 고갯마루 나뭇가지에 걸어 놓았습니다.

잠실 불광사를 창건한 광덕 스님(1927~1999)은 대각사에 계실 때 새벽마다 인근 종로거리를 다니며 목탁을 치고 염불을 했습니다. 절에 앉아서 신도들을 기다리지 않았습니다. 스님은 월간지 『불광』을 창간해 많은 사람들에게 불교를 만날 문을 크게 열었습니다.

일체 만법이 둘이 아닌 불이법不二法을 말하는 사람은 많습니다. 그러나 참다운 불이법을 터득한 수행자라면 깨끗한 곳과 더러운 곳을 가리지 말아야 합니다. 불이법을 제창한 대승불교의 뜻이 여기에 있다고 하겠습니다. 그러나 과거와 현재를 막론하고 명예와 칭송과 재물이 있는 곳은 승속을 가리지 않고 사람들이 몰리지만, 괴롭고 힘들게 사는 사람들이 있는 곳은 적막하기만 합니다. 앞의 「지세보살의 권위」에서 얘기한 허병섭 목사 같은 분이야말로 참으로 불이법을 실천한 자유인이라고 할 수 있습니다.

세상에는 불이법을 설법하는 사람은 많아도 몸소 진흙탕에 들어가 중생의 고통을 함께 나누는 수행자는 보기 어렵습니다. 깨끗함과 더러움이 둘이 아니라고 설하는 사람이 정작 진흙탕을 외면한다면, 과연 불이법의 펄펄 뛰는 맛을 알 수 있을까요? 원효와 혜공에 대한 이야기 역시 이 일을 말하고 있습니다. 이 이야기는 포항에 있는 운제산 오어사吾魚寺에 전해지는 이야기이기도 합니다.

하루는 원효와 혜공이 냇가에서 고기를 잡아먹었다. 다 먹고 나서 두 사람은 냇가에서 똥을 누었다. 원효는 똥을 누는데, 혜공은 고기를 쏟아냈다. 혜공의 몸에서 나온 고기는 펄떡거리며 시냇가로 뛰어 들었다. 혜공 대사는 원효가 눈 똥을 가리키며 말했다. "너는 똥을 누고, 나는 고기를 눈다.(汝屎吾魚)"

똑같은 고기인데 왜 혜공의 몸에 들어가면 그대로 살아나오고, 원효의 뱃속에 들어가면 똥이 되어 나올까요? 세속적으로 본다면, 고기를 먹으면 더러운 똥이 되어 나오는 것이 정상이요, 고기가 죽지 않고 그것도 펄펄 뛰어 나오면 비정상입니다. 원효에게는 나고 죽음(生滅), 더러움과 깨끗함(垢淨)이 있지만, 혜공 대사에게는 일체 만법의 자성이 청정하여 이 모든 분별이 없습니다. 원효에게 "너는 똥을 누고, 나는 고기를 눈다."고 한 혜공 대사의 말은 원효가 비록 높은 학덕을 갖추었지만 아직 지와 행이 일치하지 않는 삶을 살고 있음을 일깨우고 있습니다.

성聖과 속俗을 구분하는 자기 마음을 보지 않고서는 세상의 더럽고 깨끗한 것은 아직 내 마음의 미망迷妄과 무명無明이 만든 경계입니다. 혜공 대사에게는 더러움과 깨끗함, 세간과 출세간(僧俗)의 경계가 없었지만, 스님은 스스로 술병을 들고 저잣거리로 들어갔습니다. 유마 거사는 이러한 보살의 삶을 '길 아닌 길(非道之道)'이라고 했습니다.

"재물이 있는 모습을 보이지만 항상 무상을 관하여 실제로 탐내는 것이 없습니다. 아내와 첩과 채녀가 있는 것을 보여 주지만 항상 5욕의 진흙탕에서 멀리 떠나 있습니다. 온갖 세속의 길에 두루 빠져드는 것처럼 보여도 그 인연을 끊으며, 열반의 경지에 드는 것을 나타내 보여도 생사를 끊어 없애지는 않습니다. 문수사리여, 보살이 도 아닌 길〔비도非道〕을 행해 갈 수가 있다면, 이것이야말로 불도에 통달한 것이라고 할 수 있습니다."(『유마경』 불도품佛道品)

중생이 진창에 갇혀 있으면 부르지 않아도 찾아가는 것이 불이법不二法의 도리입니다. 유마 거사의 중생제도는 강물 속에 잠긴 시퍼런 달을 꺼내는 것과 같습니다. 비도의 길은 욕망과 공空에 대한 심오한 통찰입니다.

남천동의 추억

"허공에 방석을 깔아라."

백봉 선생님의 눈

1977년 가을 어느 날, 대학 독서모임 선배가 내가 일하는 직장을 찾아왔다. 독서를 많이 해 역사와 철학에 깊은 선배는 내게는 멘토와 같았다. 우리는 자연스럽게 불교에 관해 대화를 나누게 되었는데, 서로 주장하는 것이 달랐다. 헤어질 때, 그 선배가 대뜸 "너는 그렇게 불교를 잘 알고 있으니 번뇌가 없겠다."라고 하였다. 이 말에 나는 참담함을 느꼈다. 곧 회사에 사표를 내고 선배를 따라 나섰다.

선배가 공부하고 있는 곳은 부산 남천동南川洞에 있는 보림선원이었다. 보림선원은 백봉 김기추 선생님이 계신 곳이었는데, 일반 재가자들이 선생님을 모시고 『금강경』, 『유마경』, 『선문염송』 등을 배우고 있었다. 백봉 선생님은 대학에 다닐 때 서울 칠보사에서 한 번 법문을 들은 적이 있었지만, 직접 뵙는 것은 이번이 처음이었다. 부산에 연고가 없는 나로서는 선원에서 숙식을 하게 되었다. 덕분에 1년 반 가까이 선생님을 모시면서 가르침을 받을 수 있었다.

백봉 선생님은 아침저녁으로 법문을 하셨다. 토요일 저녁은 금강경, 일요일 아침은 유마경을 설법하셨고, 평일에는 주로 선문염송에 나오는 화두를 가지고 설법하셨다. 선생님의 법문은 마치 불을 토해내는 듯했다. 법문을 하시는데 어쩌면 저렇게 거침없이 자신있게 할 수 있는지 나는 내심 놀라움을 금할 수 없었다. 당시 내 눈에는 선생님이 책을 많이 읽은 것 같아 보이지도 않았다. 배우는 사람들 중에는 나이 많은 보살님들도 꽤 있었다. 한문을 좀 알아야 견성법문을 들을 수 있다고 생각한 나는 보살님들에게 이렇게 수준 높은 선禪법문을 하는 것이 이상해 보였다. 나이 든 보살님들에게는 재미난 옛 이야기나 해주는 것이 당시 법회의 일반적인 풍경이었다.

나이 든 보살님들 중에는 한글을 겨우 아는 분도 여럿 있었는데, 언제나 자비롭고 겸손하셨다. 지금도 가족에게 저녁상을 차려주고는 선원에 와서 고요히 참선에 잠기던 대혜승 보살님과 대인화 보살님의 모습이 눈에 선하다. 낮에는 생업에 종사하면서도 밤이면 선원에 와서 아침까지 장좌불와를 하던 자운 선생님이나 송암 선생님도 잊을 수 없다. 나는 그 때 수행이 지식을 쌓는 것과는 다르다는 것을 마음속으로 수긍하게 되었다. 내가 집에서 텔레비전을 보지 않는 것은 이분들에게 배운 것이라고 할 수 있다.

신도들 대부분 가정과 직장이 있는 사람들이라 낮에는 단출하게 서운 선생님, 변백은 선생님, 추 거사, 최 거사 등 선원 식구 몇 명이 선생님과 함께 점심을 먹었다. 밥을 먹다가는 선생님께서 갑

자기 "김 군, 이 밥 맛이 어디서 나노?" 또는 "허공에 어떻게 방석을 까는가?" 물으시는데, 아무리 생각해도 답이 나오지 않았다. 내가 그동안 읽은 책에는 이런 질문이 없었기 때문이었다. 나는 못 들은 척 밥을 먹기만 했다. 잘못 대답했다가는 밥상이 날라온 적도 있었다고 들었기 때문이다. 백봉 선생님은 이렇게 일상생활 속에서 불쑥 화두를 던지시곤 하였다. 선생님은 학인들이 대답을 할 때 옛 조사들의 말을 흉내 내거나 뜻풀이 하는 것을 아주 싫어하셨다. 틀려도 좋으니 자신의 살림살이를 가지라고 강조하셨다.

선원에서는 선배를 '대구 박 거사'로 불렀다. 당시 선배는 대학원에서 소비자심리를 연구하다가 자연스럽게 사람의 마음에 관해 관심을 갖게 되었다. 한 번은 절망에 빠진 이웃 사람이 누구의 말도 듣지 않고 자살하려다가, 경봉 스님을 친견하고는 다시 일어서는 것을 보았다. 그래서 사람의 마음을 움직이는 불교에 대해 관심을 가지게 되었다. 선배는 경봉 스님을 찾아 친견했는데, 스님은 부산에 있는 백봉 선생님을 추천하였다고 한다. 이런 인연으로 선배는 보림선원에 와서 공부를 하고 있었다.

반 년 쯤 지나고 나서 선배는 서울로 올라가게 되었다. 박 선배가 선생님께 삼배를 올리면서 하직인사를 했다. 절을 받으신 선생님은 선배에게 물었다.

"박군, 이제 허공이 하나니 지도리가 하나요, 지도리가 하나니 목숨도 하나라는 도리를 알겠제?"

"모르겠습니다."

"상대성이 절대성의 굴림새라는 것을 아직도 모르겠나?"

"모르겠습니다."

"허허, 그렇게 설법했는데도 모르겠나?"

"예, 아직 잘 모르겠습니다. 선생님, 제가 깨달을 때까지 오래 사셔야 합니다."

"자네 때문에서라도 내가 오래 살아야겠다."

경전에 대한 이해도 있었고 그동안 아침저녁으로 설법을 들은 지 반 년이 넘었는데도 끝까지 모르겠다고 대답하는 선배의 태도가 놀라웠다. 선배는 실제 삶에서 경험하고 분명하게 납득이 안 되면, 아무리 법문을 많이 들어도 절대로 안다고 말하지 않았다. 그때 선생님의 그 안타까워하던 표정을 생각하면 저절로 미소가 나온다. 나는 박 선배에게서 타협 없는 수행정신을 배웠다.

하루는 내가 대인화 보살님 댁에 간 적이 있었다. 보살님 댁에는 한문으로 적혀 있는 순치황제 출가시 족자가 있었다. 한문을 잘 모르시는 대인화 보살님이 그 뜻을 알고 싶어 해서 내가 번역해 드렸다. 그런데 그 소문이 백봉 선생님 귀에 들어갔던 것이다. 지금은 누군지 기억이 나지 않는데, 내게 선생님께서 화를 내시며 나를 부른다는 것이었다. 선생님 방에 들어가 보니, 과연 선생님께서 큰 몽둥이를 들고 앉아 계셨다. 갑자기 내 등골이 서늘했다.

"김군, 네가 아직 소견도 안 난 사람인데, 어찌 함부로 문자에 분별을 내느냐?"

"선생님, 저는 그저 한문 번역을 하는 정도였습니다."

"번역도 소견이 나야 제대로 하는 법이다. 네가 '막위아손 작마우莫爲兒孫 作馬牛'를 '자식과 손자를 위하여 소 말 노릇 하지 마오'라고 번역했다며?"

"예, 그랬습니다. 한문 문법상 그렇게 번역해야 한다고 생각합니다."

"김군, 그것은 자식과 손자를 위해 일하다가 다음 생에 소나 말이 되지 말라는 뜻이다."

"선생님, 그러나 문법상으로 따지면 제가 한 번역이 맞습니다."

말하다 슬쩍 쳐다보니, 선생님께서 그 몽둥이를 슬슬 쓰다듬고 계시는 게 보였다. 순간 선생님과 눈이 마주쳤다. 속으로 마른 침이 꿀꺽 넘어갔다. 눈썹이 올라가며(선생님은 화가 나면 눈썹이 위로 올라갔다) 큰 소리로 호통을 치시는데, 눈은 웃고 있었다. 참 이상한 일이었다.

"김군, 네가 소견이 나야 이 뜻을 알게 된다. 나가 보아라."

나는 선생님이 화가 나면 몽둥이도 불사한다는 소문을 들은 터라, 안 맞고 나오게 된 것이 신통하게 여겨졌다. 꼭 호랑이 굴에서 살아나온 느낌이었다. 나중에 들으니, 도반들은 모두 내가 몽둥이로 엄청나게 두들겨 맞은 줄 알고 있었다. 지금 생각하면, 선생님께서는 내가 책을 좋아하고 경전이나 어록 등에서 뭐든지 얻으려는 문자병을 고쳐주려고 그렇게 하신 것이다. 나는 그때 철없는 마음에 억울해서 무위당 선생님께 사연을 말씀드렸다. 한학이 깊은 무위당 선생님은 내 해석이 맞다고 하셨다. 나나 무위당 선생님 모두 잘못 짚었던 것이다.

쩌렁쩌렁 호통을 치면서도 눈 속에서는 웃음이 일어나던 선생님의 얼굴이 지금도 생생하다. 선생님의 눈은 오랫동안 내게 화두가 되었다. 선생님은 내게 화를 내면서도 속으로 웃는 도리를 보여주셨다. 선생님께 꾸지람을 듣고 있었을 때, 나는 무릎을 꿇고 방바닥에 앉아 있었지만, 선생님이 앉아 있는 곳은 달랐던 것이다.

목우 선생님의 병실

얼마 전에, 오랜 도반이자 선배인 목우 선생님을 문병했다. 선생님은 올해 84세이시다. 선생님은 경기도 인근의 한 요양병원에서 누워 계셨다. 석 달 전에 쓰러지셨다가 다시 회복하였으나, 이내 다시 쓰러지신 지 두 달이 지났다. 목우 선생님은 이미 의식을 잃고 숨을 가쁘게 쉬고 있었다. 선생님의 이마를 만지고 한동안 손을 주물러드리니, 긴장이 조금 풀어지는 듯했다. 그러나 이내 숨은 다시 가빠졌으며, 가끔 기침을 하셨다. 누구나 숨을 거두기 전까지는 이처럼 어렵고 힘든 과정을 겪는다.

'의식을 잃었으니 무슨 말씀을 드릴 수 있을까? 그러나 혹 듣는 의식은 깨어 있을지 모른다'는 생각이 들어, 달마 대사 『혈맥론』에 나오는 임종법문을 들려드렸다.

"부처와 보살의 모습이 홀연히 앞에 나타나더라도 절대로 예경하지 말라. 내 마음은 텅 비고 고요하여 본래 이러한 모습이 없다. 만약 모습을 붙잡으면, 곧 마구니에게 붙들려 사도에 떨어진다. 도는 본래 두루 원만하게 이루어져 있어서, 닦고 증득할 필요가 없다(道本圓成 不用修證).

임종할 때에 형상에 집착하지 않으면 곧 의혹이 없어지겠지만, 잠깐이라도 마음이 일어나면 곧 마구니에 붙잡힌다. 법신은 본래 청정하여 받는 것이 없지만, 다만 미혹한 까닭에 느끼지도 알지도 못한다. 이 때문에 망령되이 업보를 받는다. 이런 까닭에 좋아하여 집착하면 자유롭지 못하게 된다."

나는 목우 선생님께 "붙잡을 게 하나도 없으니, 다 내려놓고 몸에서 떨어지시라"고 말씀드렸다. 선생님은 남은 기운을 온통 숨쉬는 데 모으는 듯했다. 두세 번 법문을 말씀드리니 숨을 깊이 내쉬며 한동안 숨이 고요해지셨다. 문병을 마치고 보살님과 통화했다. 선생님의 얼굴이 깨끗하다고 말씀을 드리니 적이 위안을 삼으시는 듯했다. 보살님은 몸을 놓는 것이 어려워 고생하시는 선생님이 안타깝다고 하셨다. 과연 공부하신 보살님은 달랐다.

목우 선생님을 생각하니 추억이 많다. 10여 년 전 신설동 노숙자 쉼터(사명당의집)에서 함께 봉사했는데, 노숙자들은 선생님에 대한 신뢰가 깊었다. 나와는 선릉에서 자주 만나 불교와 크리슈나무르티에 대해 법담을 나누기도 했다. 지난 가을에는 몇몇 도반들과 함께 선생님을 모시고 선릉 인근에서 점심을 먹으며 대화를 나누기도 했다. 선생님은 젊은 사람이나 도반들에게 늘 경어를 쓰셨다. 일찍이 백봉 선생님의 제자가 되어 법문을 듣기도 했으나, 내가 알기로는 크리슈나무르티에 더 심취하셨다. 불교나 삶의 여러 주제에 대해서는 크리슈나무르티와 같이 사색과 관찰을 견지하셨다. 많은 사람들이 크리슈나무르티의 철학은 부처님의 초기 가르침과 비슷하다고 말한다. 어느 여름 선릉을 산책하던 중 선생님은 곁에 있는 나무를 가리키며, '이밖에 다시 뭐가 있느냐?'고 하며 당신의 견처를 보여주셨다.

선생님이 계신 입원실에는 10여 명의 노인들이 함께 누워 있었다. 한두 사람을 빼고 모두 의식이 없었다. 대부분 누워서 가쁜 숨을 몰아쉬고 있었다. 삶을 보내는 것은 누구에게나 쉽지 않다. 죽음은 숨이 끊어지는, 그래서 생리적 변화가 더 이상 일어나지 않는 현상이다. 그러므로 병원의 입장에서는 죽음은 더 이상 치료가 필요하지 않는 상태를 의미하는지 모른다. 살아 있는 사람의 입장에서도 죽음은 오직 삶이 멈추는 상태일 뿐, 정작 죽음 자체가 무엇인지 모른다. 모르는 것이 아니라, 문제 삼지 않는다는 말이 더 정확할지 모른다. 죽음을 맞이하는 인간의 의식과 문화는 아직 초라하다.

죽음을 요양병원과 영안실에 맡기는 일은 지금처럼 분주한 세상에서는 피할 수 없는 일이지만, 사람이 삶과 죽음을 가까이 겪지 못하면, 죽음을 넘어서는 일에 눈을 뜰 수 없다. 죽음은 삶의 끝이 아니다. 모든 형성된 존재를 소멸시키는, 有에서 無로 다시 되돌려 보내는 성품의 활동이다. 그러므로 죽음은 우주의 싱그러운 호흡이다. 텅 빈 자리에서 일어나는 이 모든 현상을 보면 참으로 우리의 성품이 놀라울 뿐이다. 죽음이 존엄하다고 말하는 까닭은 인간이 존엄한 까닭도 있지만, 깊이 보면 삶과 죽음을 지어내는 성품이 청정하기 때문이다. 그러므로 자기를 내세우면 성품의 자유와 존엄은 사라진다.

살면서 내심 명예와 이익을 탐하면서도 겉으로 다른 사람을 속이는 수행자를 볼 수 있다. 그러나 숨이 넘어가는 최후의 일념에는 오직 자기 자신만이 있다. 달마 대사의 말처럼, 죽음 앞에서 만나는 경계는 자기가 만든 것이다. 오래 의지해온 애착이 경계를 만든다. 명예와 칭송을 무심하게 보는 것은 해탈과 깨달음을 얻는 수행이다. 목우 선생님은 참으로 무심한 수행자이셨다.

그거 다 말마디다

나는 대학에 다닐 때 불교를 접했다. 방학이면 주로 울진 불영사에서 경전을 읽었고, 대구 동화사 양진암에 있을 때는 경봉 스님의 법문을 듣기도 했다. 그러다 중간에 휴학을 해서는 한 학기 동안 동국대학교 불교학과의 강의를 들었다. 지금으로 말하면 도강인 셈이다. 그 후 나는 졸업을 하고 취직을 했다. 그러나 항상 어떤 답답함이 마음 한 구석에 남아 있었다. 그동안 공부한 것과 현실의 접점이 없었고, 불교적인 삶이라는 것이 구체적으로 다가오지 않았다.

그러던 중 앞서 얘기한 선배와의 인연으로 부산에 내려와 백봉 선생님을 모시고 공부할 수 있게 되었다. 한 번은 선생님을 모시고 분도 수녀원 치과에 갔다 오는 길이었다. 선생님께서 갑자기 하늘을 가리키며 '왜 하늘에 있는 달과 별이 지구로 떨어지지 않고 허공에 둥둥 떠 있느냐'고 물으셨다. 내가 '만유인력이 있기 때문입니다'라고 막 입을 열려는데, 선생님께서 만유인력이 답이 아니니, 만유인력의 앞 소식을 알아야 한다고 말씀하셨다. 지구와 달 사이의 만유인력 외에는 한 번도 생각해보지 않은 나는 머리가 막막하기만 하였다.

한 일년 쯤 지났을 때, 어떤 인연으로 선생님은 선원에 있던 대중을 모아 놓고 내가 이제는 혼자 공부할 만하다고 말씀하셨다. 나 또한 선생님 곁에서 법문을 아침저녁으로 일년 가까이 들었던 터라 선생님의 가르침에 아주 익숙해져 있었다. 그날 저녁 혼자 선방에서 참선을 하고 있는데 선생님께서 불쑥 들어오셨다. 그리고는 대뜸 보림삼관寶林三關에 나오는 화두를 하나하나 들면서 뜻을 물으셨다. 보림삼관은 선생님께서 제창하신 세 가지 화두인데, 선생님께서 스스로 물으시고 답을 붙인 것이다. 내용은 다음과 같다.

제1관:
가고 옴이 없는 곳에 산자는 무엇이며 죽는 자는 무엇인고?
태산이 눈을 부릅떠서 오니, 녹수는 귀를 가리고 가누나.

제2관:
마음 밖에 법 없는데 미한 자는 무엇이며 깨친 자는 무엇인가?
옛길에 풀은 스스로가 푸르르니, 바름과 삿됨을 아울러 아니 쓰네.

제3관:

너와 내가 비었는데 말하는 자는 무엇이며 듣는 자는 무엇인가?

만약 오늘 일을 논의하면, 문득 옛 때 사람을 잊으리.

나는 선생님에게서 배운 대로 답을 하였다. 그러자 선생님께서는 아니라고 말씀하셨다. 그래서 나는 그동안 공부한 힘을 다해 다시 서너 차례 답을 올렸다. 그러나 선생님께서는 모두 아니라고 고개를 저으셨다. 조금 전까지만 해도 대중들 앞에서 혼자 공부할 만하다고 말씀하시고서는 지금 와서 모두 틀렸다고 하니 나는 믿었던 땅이 무너져 내리는 것 같았다. 더구나 내가 올린 답은 경전에 나오기도 하거니와 선생님께서 늘 말씀하시던 것이 아닌가? 나는 따지듯이 물었다. "그럼 지금까지 말씀하신 허공이나 성품은 다 뭡니까?" 그러자 선생님께서 말씀하셨다.

"그거 다 말마디다."

나는 선생님의 대답에 너무 놀라 몸이 위로 떴다가 다시 밑으로 떨어지는 것 같았다. 멍청하게 있던 나는 선생님의 호탕한 웃음소리가 머리 위로 떨어지자 그제야 정신이 나는 것 같았다. 그 순간 뜻풀이나 문자로 깨달음을 구하는 나 자신의 모습을 보게 되었다. 이후로는 답답하면 경전을 펴거나 조사어록을 찾는 습성이 사라졌다. 벌써 25년 전 일이지만, 그 후 살아올수록 쉬고 놓는 공부에 그 이상의 깊은 뜻이 있음을 느끼게 된다. 자신이 얻은 것마저 내려놓아야 한다는 가르침은 지금도 어려움이 있을 때마다 가슴에 새기는 삶의 나침반이 되고 있다.

산청에 걸린 달

백봉 김기추 선생님은 1984년 11월 오랫동안 주석하던 부산 남천동에서 경남 지리산 산청으로 보림선원을 옮기셨다. 그리고 다음 해인 1985년 8월 2일, 77세를 일기로 입적하셨다. 나는 부끄럽게도 선생님의 임종을 지키지 못하였다. 가까운 도반인 가운家雲 홍거사에게서 들은 선생님의 산청 시절은 참으로 가슴을 먹먹하게한다.

가운 거사는 산청에서 선생님을 직접 모셨으며 임종을 지킨 몇안 되는 도반 중의 한 사람이다. 가운 거사는 대학 졸업 무렵, 국내 굴지의 S그룹에 입사시험을 쳐 합격했다. 홍 거사는 선생님께전화를 드렸다.

"선생님, 제가 국내 S 회사에 합격을 했습니다. 직장을 다닐까요, 선원에 입주할까요?"

"내려와서 더 공부해라."

가운은 주저 없이 직장을 포기하고 산청에 내려왔다. 부산에서

부터 산청에 가서 한참 동안 선생님 시봉을 하였다. 그러다가 아랫마을 문간방에 세를 들고 신혼살림을 하였다.

산청에서 선생님은 부산 남천동 때와 많이 달랐다. 선생님은 오전에 간단하게 선시집(벽오동) 법문을 해주시는 것 외에는 늘 말없이 혼자 거닐거나 앉아 계셨다. 가운 거사는 선생님과 말없이 앉아 있을 때가 많았다.

어느 날, 선생님은 집필하시던 『선문염송』 원고를 모두 꺼내 마당에서 태우라고 하셨다. 제자들이 모두 놀라 주저하니 단호하게 불을 지르게 하셨다. 지난 10여 년간 집필하신 원고는 모아보니 어른 키보다 높았다. 당시 선생님의 표정이 워낙 준엄하여 누구도 감히 선생님의 뜻을 거역할 수 없었다. 태우는 도중 가운 거사가 원고를 몇 권 뺐다. 선생님이 물으셨다.

"원고는 왜 가져가느냐?"

"선생님, 제가 가지고 싶어 그렇습니다."

선생님은 더는 말씀하지 않았다. 쌓아올린 원고는 한참을 태워야 했다.

내가 20대 중반에 부산 남천동南川洞 보림선원에서 공부할 때, 선생님이 『선문염송』을 집필하시던 모습이 지금도 기억에 생생하다. 한 자 한 자 그야말로 정성을 다해 당신의 견처를 원고지에 옮기셨다. 글을 쓰실 때는 깊은 삼매에 들어, 마치 주위에 아무도 없는 듯했다. 그리고 그 원고를 들고 직접 학인들에게 법문을 하셨다. 그렇게 공들여 쓰신 원고를 모두 불태운 것이다.

선생님의 결단은 참으로 그 뜻이 깊다. 선생님 사후, 선생님이 지은 책과 법문 테이프로 공부하는 사람들에게 당신의 참 면목을 은산철벽 뒤에 두신 것이다. 남은 제자들도 선생님의 이 뜻을 깊이 새겨야 할 것이다. 남천동에서 백봉 선생님을 모시고 공부할 때, 나는 선생님에게서 간장 한 숟가락을 얻어 마셨다. 그때 맛 본 간장 맛은 지금까지 일상생활에서 늘 양념 노릇을 하며, 하루 중 작은 한 때라도 나를 돌아보게 하였다. 이제 가운 거사 덕에 선생님에게 간장 한 숟가락을 돌려드리게 되었다. 도반의 은혜가 참으로 크다.

가운 거사에 따르면, 백봉 선생님은 학인들에게 뒷산을 가리키며 가끔 말씀하셨다.

"올 가을이면 내가 저 산을 마구 뛰어다닐 거다."

학인 누구도 그 말씀을 알아듣지 못했다. 학인들은 선생님의 건강이 곧 회복된다는 뜻으로 받아들여 그 말씀을 기쁘게 받아들였지만, 홍 거사는 그 말씀 속에서 서늘한 느낌을 얻었다. 선생님의 얼굴은 전혀 웃으시는 모습이 아니었기 때문이다. 선생님의 말씀에는 곧 일어날 임종을 미리 알리는 뜻도 있었거니와, 내가 보기에는 그 이상의 선지禪旨가 담겨 있다. 당시 선생님이 그 말씀을 할 때 놓치지 말고, 막걸리 한 통이 아직 부엌에 있다고 말씀드렸으면 좋았을 것을.

30여 년이 지난 지금, 가운 거사는 산청에서 본 선생님의 마지막 모습을 세 마디로 표현했다.

'무위無爲'
'무주無住'
'무념無念'

이 세 마디는 그동안 꾸준히 정진해온 가운 거사 스스로의 공부를 보여주는 말이기도 하다. 가운은 누구보다 선생님을 존경하고 그리워하는 제자들 가운데 한 사람이다. 가운 거사의 한결같은 마음은 도반들 사이에서도 유명하다. 가운 거사에게 산청 이야기를 듣고 나니, 문득 영가 대사의 증도가證道歌 첫 구절이 떠오른다.

"그대는 보지 못했는가?
 배움을 끊어 하는 일이 없는 한가한 도인은
 망상을 없애지도, 참을 구하지도 않는다."
 絶學無爲閑道人　不除妄想不求眞

백봉 선생님의 마지막 모습을 남기기 위해 이 글을 쓴다.

백봉 김기추 거사 진영찬

白峰 金基秋 居士 眞影贊

조계의 숲 속에서 거사풍을 세우시고,
평생토록 학인에게 장광설을 베푸셨네.
가시밭길 걸은 뜻을 누가 짐작하리오?
한 눈에는 눈물이요, 한 눈에는 웃음이네.

독을 섞어 밥 주시고 비상 풀어 물 주셨네.
길러주신 큰 은혜 감당하기 어려워라.
백봉의 끝 구절을 아는가 모르는가?
보림선원 오는 길은 몹시 가파르다오.

거친 들판 땅을 갈아 벽오동을 심으시니,
길 잃은 철새들 쉴 곳을 얻었네.
봉황 앉던 가지에는 서리만 쌓였는데
철새는 둥지 틀고 천년 꿈을 꾸누나. (쯧!)

찬,

머리에는 흰 눈이 가득한데, 차가운 기운은 만리에 서려 있네.

화공이 선생을 보지 못해 다리 하나를 더 그렸구나. 에익!

– 불초제자 여운如雲은 법은에 감읍하며, 삼배 올립니다.

여운如雲 **김광하**

연세대학교 상경대학(경영학과)을 졸업하였다(1976).
대학 때 구본명 교수의 노장철학 강의를 들었고, 졸업 후 보림선원
백봉 김기추 선생에게서 불교를 배웠다.
그 후 직장생활을 하며 불교와 노장을 읽어왔다.
지난 10여 년 동안 불교봉사단체(작은손길)에서 활동하며 유마거사
의 길을 배웠다.
저서로『숫타니파타 독후감』,『금강경과 함께 역사 속으로』,『금강
경-깨달음에는 길이 없다』,『노자 도덕경』,『길 위의 삶 길 위의 화
두』,『무문관 강송』,『붓다를 기억하는 사람들』등이, 편저서로 외국
인 노동자를 위한 불교 안내서인『Buddhist is your friend』와『탈
북 청소년을 위한 부처님의 전생 이야기』가 있다.

자기 안의 선지식

초판 1쇄 인쇄 2018년 2월 13일 | **초판 1쇄 발행** 2018년 2월 20일
지은이 김광하 | **펴낸이** 김시열
펴낸곳 도서출판 운주사

(02832) 서울시 성북구 동소문로 67-1 성심빌딩 3층
전화 (02) 926-8361 | 팩스 0505-115-8361
ISBN 978-89-5746-504-2 03220   값 14,800원
http://cafe.daum.net/unjubooks 〈다음카페: 도서출판 운주사〉